Abenteuer
ESKAPADEN
AUSZEIT
AUSGLEICH
Wochenende
LÄCHELN
STADT.LAND.
FLUSS.
LEICH
FREE
ERLEBEN
KEIT
GRÜN
kleine
Fluchten
Wege
Lebensfreude
NATUR
GLÜCK
von Lea Hajner
AF524099

Nur ein paar Stündchen

Nix wie raus, ganz schnell ins Grüne. Auch mit wenig Zeit lässt sich Großartiges erleben. Kleine und große Abenteuer warten direkt vor der Haustür.

4H

Raus für einen Tag

Man muss nicht in die Ferne reisen, um neue Welten zu entdecken. Einfach mal einen Tag lang raus aus dem Alltagsallerlei und rein in die Natur.

12H

Ferien für ein Wochenende

Warum auf die große Auszeit warten, wenn man einen Wochenendtrip in der Nähe machen kann? Vergnügen, Abenteuer und Wohlgefühl kompakt und intensiv.

36H

LIEBE LESERIN, LIEBER LESER,

egal, ob ehrgeizige Gipfelstürmer oder genussvolle Weinwanderer – in Südtirol fällt es nicht schwer, verschiedene Vorlieben zu kombinieren. Schroffe Felstürme, idyllische Bergseen und ein glasklarer Sternenhimmel warten darauf, entdeckt zu werden.

Wenn die große weite Welt plötzlich ungewohnt fern scheint, öffnet sich der Blick für die bisher verborgenen Ecken vor der eigenen Haustür. Oftmals auf neuen Wegen, manchmal auch zu ungewöhnlichen Tages- und Jahreszeiten. Wer sich auf die kleinen und großen Abenteuer einlässt, wird aus dem Staunen nicht herauskommen!

Viele wunderbare Eskapaden zu einigen der schönsten Orte Südtirols wünscht

Lea Hajner

PS: Informationen zum GPX-Download gibt's auf Seite 224.

AUSZEIT.
ABENTEUER.
LEBENSFREUDE.

1. KAPITEL – ABSTECHER

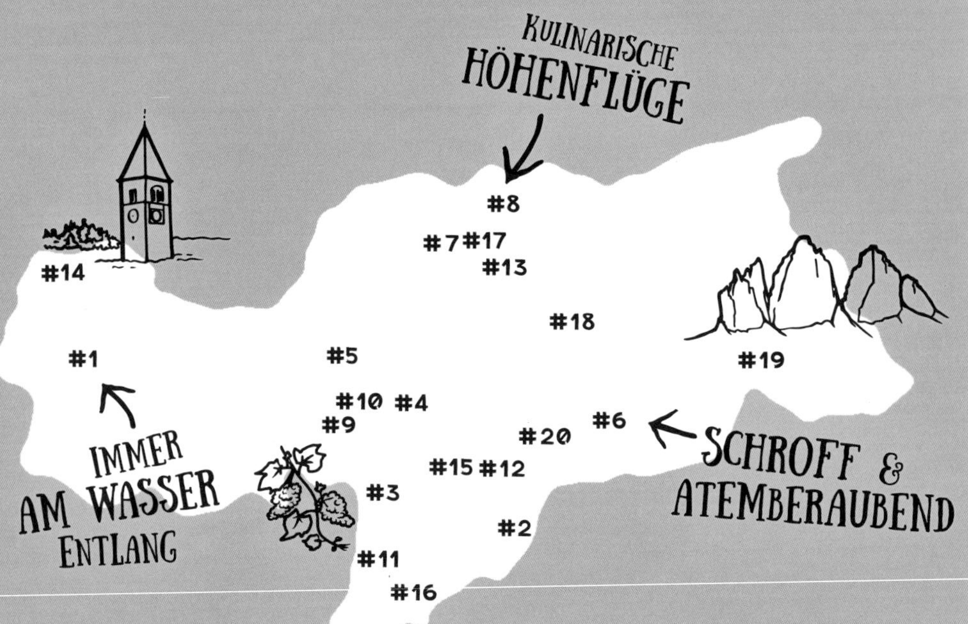

Nur ein paar Stündchen

Barfuß die Berge erkunden, unter dem Wasserfall duschen oder im Winter mal durch den tiefen Schnee stapfen – die kleine Auszeit ist ganz nah!

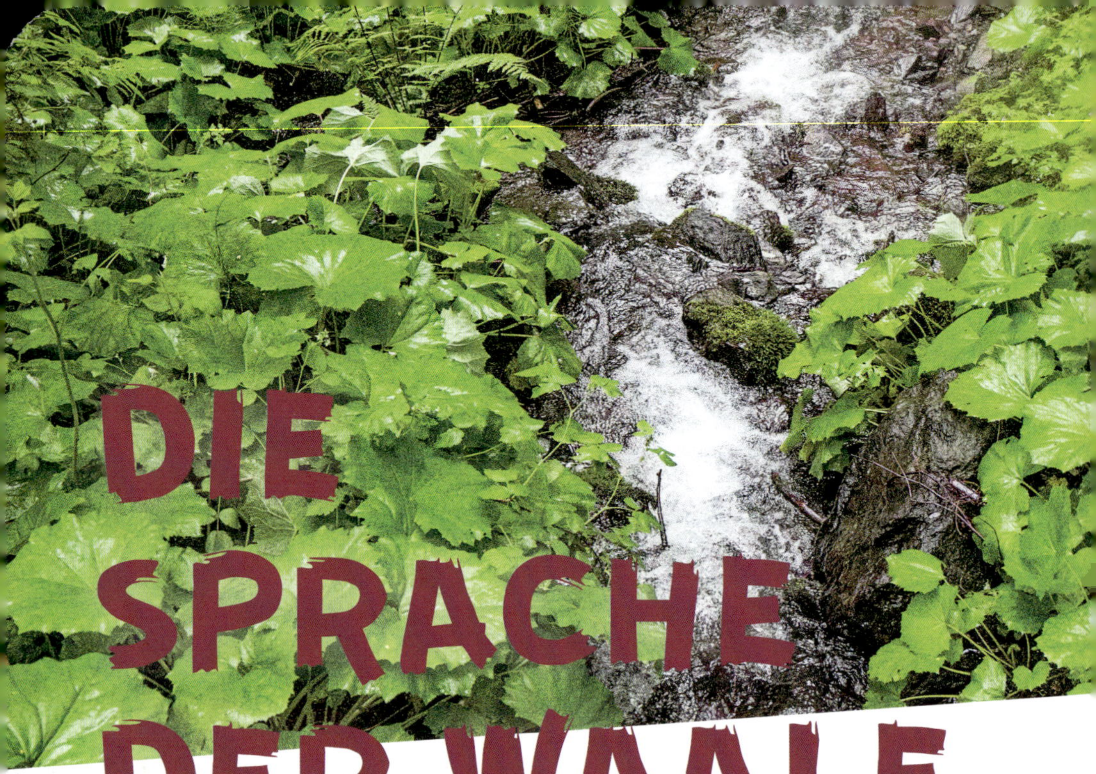

DIE SPRACHE DER WAALE

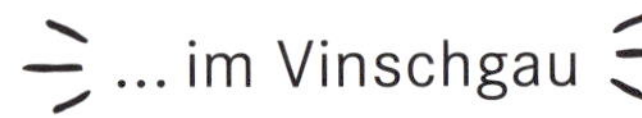

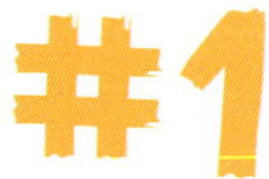

… im Vinschgau

#1 *Schattig und erfrischend kühl an heißen Sommertagen, gut geschützt im Wald und strahlend grün an Regentagen. Die Wanderung entlang der uralten Bewässerungskanäle bei Schluderns führt durch den dichten Wald am Eingang des Matscher Tals und ist nicht nur für Kinder ein großer Spaß.*

#Waalwege #Wasserspiele #Wasserfall #Brücken #Burgblick

Märchenhafte Pfade führen entlang der schmalen Bewässerungskanäle durch den grünen Wald.

→ ABSTECHER …

Für die Bauern ist der Regen im Vinschgau ein stets willkommenes Geschenk des Himmels, denn viel gibt es davon nicht. Mit nur 400 bis 500 Millimetern Niederschlag pro Jahr an manchen Orten des Tals zählt der Vinschgau zu den trockensten Tälern im gesamten Alpenraum. Genau aus diesem Grund grub man bereits im 12. Jahrhundert die ersten Bewässerungskanäle für die Landwirtschaft – die sogenannten Waale.

Der Begriff Waal stammt vermutlich aus dem Lateinischen von *Aqualis* oder aus dem Keltischen von *Boul*. Beide Wörter stehen für einen künstlich angelegten Bewässerungskanal. Im Dialekt gibt es außerdem noch so einige Fachbegriffe, mit denen man bei einer Waalwanderung glänzen kann: Ein »Tschött« ist zum Beispiel ein Wasserspeicher, also ein kleiner See, so wie jener, bei dem man am Leitenwaal vorbeikommt. Ein »Schweller« ist eine Vorrichtung zur Aufteilung des Wassers, was wiederum die Aufgabe des »Waalers« war. Er kontrollierte die Instandhaltung der Kanäle und kannte die genauen Bewässerungszeiten der einzelnen Felder. So betrachtet, wandelt man heute in den Fußstapfen vieler Generationen von Waalern.

Los geht es am Hotel Alte Mühle (www.hotel-alte-muehle.com). Zweimal wird der Bach gequert, bis man am Griggwaal entlang tiefer ins Tal hineinwandert. Im Frühsommer wachsen am Wegrand unzählige Walderdbeeren – genau die richtige Stärkung, denn nach der dritten Brücke geht es gnadenlos bergauf zum nächsten Waal.

Oben angekommen, beginnt der wirklich faszinierende Teil der Wanderung: Entlang des plätschernden Wassers geht es immer weiter ins Tal. Der Berkwaal fließt hier durch felsiges Gelände mit Trockenmauern, durch natürliche Untertunnelungen und über ausgehöhlte Lärchenstämme. Am Wendepunkt führt der Weg über die Schlucht des Saldurbaches und anschließend auf der anderen Seite über den Leitenwaal zurück. Der Leitenwaal ist seinerseits mindestens genauso schön, auch wenn es seitlich neben dem breiten Weg doch ab und zu steil hinab ins Tal geht und so manchem dabei vielleicht etwas mulmig wird. Wer konzentriert bleibt, sollte den Streckenab-

---

Hin & weg: Mit der Vinschgauer Bahn von Meran oder Mals aus bis Schluderns. Mit dem Auto über die Brennerautobahn A22 bis Bozen und weiter nach Meran. Auf der SS38 in Richtung Westen liegt Schluderns. Parkplätze für Gäste bei der Alten Mühle.

Dauer & Strecke: 2–2,5 Std. für 7 km, mit Fotostopps. 320 Hm bergab/bergauf.

Beste Zeit: Ab Frühling bis spät in den Herbst.

Ausrüstung: Gute Wanderschuhe, Kamera, eventuell eine Jause.

Vom Picknickplatz am Sonnensteig hat man einen guten Ausblick in Richtung Ortlergruppe. Davor liegt malerisch die Churburg auf der anderen Talseite. Selbst gesammelte Walderdbeeren versüßen die Tour!

schnitt aber selbst mit etwas Höhenangst gut meistern können. Am Ende des Leitenwaals gibt es dann die Möglichkeit, einen kleinen Abstecher zu den prähistorischen Ausgrabungen von Ganglegg zu machen.

Danach führt der Weg über den Sonnensteig zurück ins Dorf, wobei der Blick auf die gegenüberliegende Churburg (www.churburg.com) wunderschön ist. Das Schloss Churburg ist eine der besterhaltenen Burganlagen Südtirols und beherbergt die größte private Rüstungskammer in Europa. Ein Besuch kann gut mit der Wanderung kombiniert werden, allerdings empfiehlt es sich dann, die Runde in die umgekehrte Richtung zu gehen.

FAZIT: VINSCHGAUER HYDRO-FOREST-THERAPY VOM FEINSTEN!

AM NIXEN-HANGOUT

… beim Karer Pass

#2

Ein sagenumwobener, einzigartiger Bergsee im Eggental lockt mit seiner leuchtenden Farbe, dem glasklaren Wasser und der spektakulären Bergkulisse immer mehr Besucher an. Ideal für einen Zwischenstopp am Weg zu einer längeren Wanderung im Latemar oder Rosengarten-Gebirge!

#Instafamous #Wassernixe #Spiegelung #Naturschauspiel

Der funkelnde Karer See ist ein geschütztes Naturdenkmal – Schwimmen ist daher leider nicht erlaubt.

Vor langer Zeit lebte eine wunderschöne Wassernixe im Karer See. Sie saß oft auf dem großen Stein am Ufer, flocht ihre blonden Zöpfe und sang himmlische Melodien. Eines Tages hörte der Hexenmeister von Masaré sie singen und war schockverliebt. Dieses liebliche Wesen musste er zu sich nach Hause mitnehmen! Doch das war leichter gesagt als getan, denn die Nixe war vorsichtig und verschwand bei der leisesten Bewegung am Ufer des Sees im Wasser. Der Hexenmeister bat schließlich die Hexe Langwerda um Hilfe. Sie gab ihm den Rat, sich als Juwelenhändler zu verkleiden und einen atemberaubenden Regenbogen zu zaubern, da würde die Wasserfee sicherlich neugierig werden und näherkommen. Den Ratschlag befolgte der Hexenmeister, und anfangs schien alles zu funktionieren. Von seinem Felsen aus beobachtete er die Nixe, die den Regenbogen bestaunte. So etwas Schönes hatte sie noch nie in ihrem Leben gesehen! Bald würde sie ihm gehören, freute sich der Hexenmeister und rannte voller Freude bergab. Doch in seinem Eifer vergaß er eine wichtige Kleinigkeit: sich zu verkleiden. Und so sah die Nixe ihn kommen, tauchte tief in den Karer See hinab und ward nie mehr gesehen. Die bunten Farben des geschmolzenen Regenbogens hingegen kann man heute noch am Ufer des Sees bestaunen.

Zugegeben, wegen der Sage kommen die wenigsten Besucher hierher. Vielmehr sind es die wunderschönen Fotos auf Social Media, welche die Massen anlocken. Da der Ansturm in den letzten Jahren immer größer wurde, befindet sich mittlerweile ein gut organisierter, großer Parkplatz mit einem Kiosk und sauberen Toilettenanlagen auf der gegenüberliegenden Straßenseite.

Wer den magischen See für sich haben möchte, muss sehr früh aus den Federn und sucht sich am besten einen Wochentag in der Zwischensaison aus. Um auch die Rottöne des La-

---

Hin & weg: Mit dem Bus 170 von Waidbruck nach Kardaun. Weiter mit dem Bus 180 über Welschnofen zum Karer See. Direkt am See befindet sich ein gebührenpflichtiger Parkplatz.

Dauer & Strecke: Je nach Fotolaune ca. 1 Std. mit Seeumrundung. 1 km, 20–30 Min. reine Gehzeit.

Beste Zeit: Ab Mitte Juni bis September, im Winter liegt Schnee am See.

Ausrüstung: Kamera, ein Stativ und etwas Geduld, um den perfekten Moment abzuwarten.

Der frühe Vogel fängt den Wurm! Wer den See möglichst ungestört genießen möchte, sollte vor allen anderen da sein und etwas Zeit einplanen, um auf das perfekte Fotolicht warten zu können.

temars bewundern zu können, empfiehlt sich ein Besuch in den Abendstunden, wenn das letzte Sonnenlicht das Gebirge hinter dem See erleuchtet. Der Ausflug lässt sich perfekt mit diversen Wandertouren in der Umgebung verbinden, beispielsweise mit der Eskapade #27.

Möchte man den See im Zuge einer Wanderung erleben, eignet sich Welschnofen als Startpunkt oder man wandert vom Hotel Moser Alm (www.moseralm.com) aus über die Hängebrücke dorthin. Einem wütenden Hexenmeister sind leider die Wälder rings um den See und in anderen Gebieten des Eggentals zum Opfer gefallen: Ende Oktober 2018 vernichtete das Sturmtief Vaia eine Waldfläche von 1000 Hektar in den Wäldern rund um Welschnofen. Das entspricht 1300 Fußballfeldern. Die Folgen sind am Straßenrand und auf der Seite des Sees noch heute erkennbar.

FAZIT: EIN GLITZERNDES NATURJUWEL AM DOLOMITENGÜRTEL.

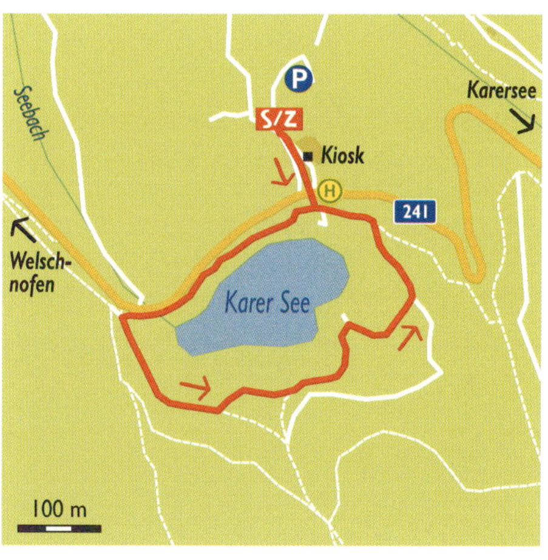

VON BURG ZU BURG

... im Überetsch

Im Burgendreieck von Eppan an der Weinstraße lässt es sich wunderbar von einer Burg zur nächsten hüpfen. Für ausreichend Sprungkraft sorgen deftige Knödel, die einen für abenteuerliche Stufen und Waldpfade stärken. Dabei stets in Sichtweite: Bozen und die spektakulären Bergformen der Dolomiten.

#Burgenweg #Knödelfresken #Kunstgeschichte #Fernblick

Die älteste Knödelesserin Südtirols beißt ganz ungeniert in einen besonders großen Knödel. Entstanden sind die berühmten romanischen Fresken im 13. Jahrhundert in der kleinen Kapelle auf der Burganlage Hocheppan (www.hocheppan.it), wo man sie noch heute besichtigen kann. Wer einen Schritt zurücktritt, erkennt schnell, dass hier eigentlich die Geburt Jesu dargestellt wird. Links neben der liegenden Maria verdreht Josef gerade die Augen. Rechts unter ihr sitzt eine Magd mit einer Pfanne, die sie über ein Feuer hält. In der Pfanne befinden sich Knödel, einen weiteren hat sie im Mund. Ob es sich hier wirklich um Knödel oder realistischer um die goldenen Kugeln der Heiligen Drei Könige handelt, darf jeder für sich entscheiden. Fakt ist, wer bis zur Kapelle auf Hocheppan zu Fuß gegangen

Nicht nur in den Weinbergen im Überetsch kann es hie und da steil werden: Auch auf den Wanderwegen rund um die Burgen müssen auf zwei Abschnitten schmale und recht steile Stufen überwunden werden.

ist, hat sich die Knödel in der Burgschenke sicherlich bereits verdient.

Die Tour beginnt etwas oberhalb von Missian am Schloss Korb. Der markante viereckige Wohnturm wurde 1236 erbaut von den Herren von Korb, hohe Beamte der Grafen von Eppan. Im 19. Jahrhundert wurde er zu einem Schloss ausgebaut. Heute beherbergen die alten Mauern ein Luxushotel (www.schloss-hotel-korb.com), dessen Besitzer Fritz Dellago auch einen alten Mussolini-Bunker gekauft hat. In diesem wird heute Wein gelagert, zudem finden dort Veranstaltungen statt.

Ebenfalls im Besitz Dellagos ist der erste Stopp am Burgenweg: die Burgruine Boymont. Die Burg wurde zur gleichen Zeit wie das Schloss Korb erbaut, um 1530 aber vermutlich im Zuge eines Brandes komplett zerstört. Im restaurierten Teil ist heute eine Jausenstation untergebracht, wo man sich nach dem Anstieg stärken kann. Dann geht es durch den Wald und über viele Steine, Wurzeln und Stiegen weiter zur Burganlage

---

Hin & weg: Citybus 135.2 vom Bahnhof St Michael Eppan bis Missianer Weg. Für Autos gibt es kurz nach dem Schloss Korb auf der linken Seite einen eigenen Drei-Burgen-Parkplatz.

Dauer & Strecke: 3–4 Std. oder länger mit Einkehr und Kapellenbesichtigung. Reine Gehzeit ca. 2,5 Std., 380 hm, 6 km.

Beste Zeit: Zwischen Ostern und Oktober.

Ausrüstung: Gute Schuhe, der Weg ist mit seinen Stufen anspruchsvoller, als man denkt. Bargeld für die Einkehr, eventuell ein Fernglas, um Bozen und die Dolomiten zu erspähen.

Knödel sind hier ein ständiger Wegbegleiter und manchmal sogar das Ziel einer langen Reise.

Hocheppan. Am Weg gibt es einen wunderbaren Aussichtspunkt, und kurz vor dem Schloss erspäht man mit etwas Glück die zufriedenen Almschweine.

Die Burg Hocheppan wurde zwischen 1125 und 1130 von Ulrich II., Graf von Eppan, errichtet. Sie galt lange Zeit aufgrund der Lage und Größe als die mächtigste im Land. Neben der Kapelle ist auch der fünfeckige Bergfried sehenswert! Auf den Bänken der Burgschenke lässt es sich gut verweilen, und auch für Kinder gibt es jede Menge Spielflächen – unter anderem kann man hier Bogen schießen.

Zurück geht es über die Fahrstraße und teils schmale Wanderwege. Wer möchte, kann auf einem kurzen Abstecher noch den einsam stehenden Kreideturm besichtigen. Ganz zum Schluss lohnt es sich, einen Blick zurückzuwerfen, denn von der Straßenkreuzung vor dem Schloss Korb hat man alle drei Burgen gemeinsam im Bild!

Gut zu wissen: Die Runde ist für Kinderwagen nicht geeignet, wer aber auf direktem Weg vom Schloss Korb zur Burg Hocheppan über die Fahrstraße wandert, kann dort einen Wagen schieben. Hunde sollten mit sehr steilen Stufen vertraut sein.

FAZIT: ABENTEUERLICHE WEGE, ALTE BURGEN UND EIN GUTER GRUND FÜR KNÖDEL!

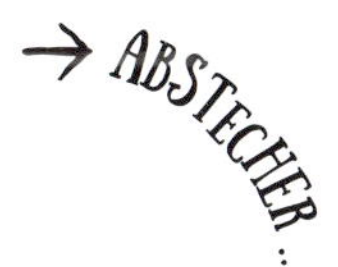

ALPINES NATURKINO

… bei Vöran

#4 *Im Knottenkino oberhalb von Meran nimmt man vor einer überbreiten Projektionsfläche aus Luft und Licht Platz. Das Programm wechselt täglich – stündlich und manchmal sogar minütlich. Wer lang genug bleibt, kommt vielleicht sogar in den Genuss eines zweiten Films!*

#Frischluft #Weitblick #Fantasy #NaturPur

An heißen Sommertagen spendet der Wald Schatten, eine Wasserflasche sollte trotzdem dabei sein.

Ein Künstler, der ein Kino plant und gestaltet? Das gibt es wohl nur in Südtirol. Inszeniert wurde das Knottenkino nämlich vom Südtiroler Künstler Franz Messner anlässlich der Jahrtausendwende. Im Prinzip könnten die 30 Kinosessel an vielen Stellen in den Bergen stehen, aber nicht überall hat man einen so guten Ausblick wie auf dem Porphyrfelsen Rotsteinkogel auf 1464 Metern bei Vöran. »Knott« bedeutet Fels, und so nimmt man im Felsenkino auf einer natürlichen Aussichtsplattform Platz. Ob barfuß, mit oder ohne Popcorn in der Hand oder gar mit einem Schluck Tee aus der Thermosflasche an kühleren Tagen bleibt den Gästen ganz selbst überlassen. Wie auch die Länge des Spielfilms.

Die Eskapade beginnt mit der öffentlichen Anreise aus dem Tal. Dank der modernen Seilbahn zwischen Burgstall und Vöran schwebt man in nur fünf Minuten auf den Tschögglberg, ein wahrer Sonnenplatz in der Region, denn dank der etwas höheren Lage verweilt hier die Sonne täglich eine Spur länger als unten im Tal.

Der Weg führt zunächst durch den Ort und entlang eines Wanderpfads zum Parkplatz beim Gasthof zum Grünen Baum (gasthof-grunen-baum-voran.business.site). Erst hier biegt man auf den Waldweg ab, der sich gemütlich über Stock und Stein schlängelt. Gegen Ende geht es kurz steil bergauf, dann ist der Rotsteinknott auch schon erreicht. Das Porphyrmassiv ist ein Überbleibsel aus dem Perm vor 280 Millionen Jahren. Direkt dahinter geht es 50 Meter steil bergab. Nach links öffnet sich der Blick in Richtung Meraner Talbecken und auf die dahinter liegende Texelgruppe. Das Becken geht über in den grünen Talboden des Etschtals. Hier sieht man deutlich die intensive Kultivierung des Apfelanbaus und der Weinproduktion. Gegenüber befindet sich

---

Hin & weg: Mit dem Bus 201 Bozen-Meran oder dem Citybus 215 Lana-Burgstall-Gargazon bis zur Seilbahn Burgstall-Vöran. Mit dem Auto kann man entweder an der Seilbahn in Burgstall parken oder in Vöran beim Gasthaus zum Grünen Baum.

Dauer & Strecke: 3-4 Std. mit Kinobesuch. 350 Hm, 10 km.

Beste Zeit: Ganzjährig, gutes Wetter garantiert gute Sicht.

Ausrüstung: Einfache Wanderausrüstung, eventuell eine Jause fürs Kino.

Die kleine Gemeinde Vöran befindet sich am Tschögglberg zwischen Bozen und Meran. Sie liegt mitten im Burggrafenamt, einem Verwaltungsbezirk, der seit dem Mittelalter diesen ungewöhnlichen Namen trägt.

Lana, wo das geschulte Auge auch die Burg Brandis erkennt (siehe Eskapade #10), dahinter führt eine Straße ins Ultental, das von der Ortlergruppe begrenzt wird.

Gipfel erraten, Löcher in die Luft starren, andere Kinobesucher beobachten – hier ist alles erlaubt. Auf den Holzsitzen aus Kastanienholz und Metall sitzt es sich allerdings nicht allzu bequem, sodass die meisten Gäste nach dem Trailer auf einen bequemeren Platz am Boden wechseln oder die Wanderung fortsetzen. Wer hingegen die innere Ruhe findet, wird abgesehen von dem Film, den die Natur bietet, sicherlich bemerken, dass zugleich ein zweiter Film angelaufen ist: und zwar der im eigenen Kopf.

FAZIT: ROMANTISCHE KOMÖDIE ODER TELENOVELA? WAS DER KOPF MIT DER LEINWAND HIER MACHT, IST GARANTIERT NICHT PLANBAR.

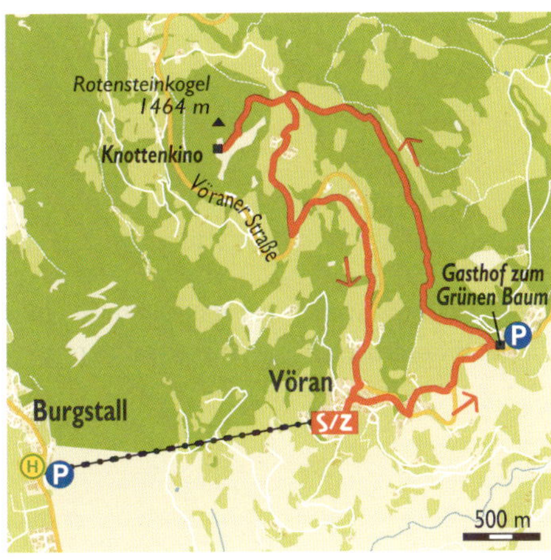

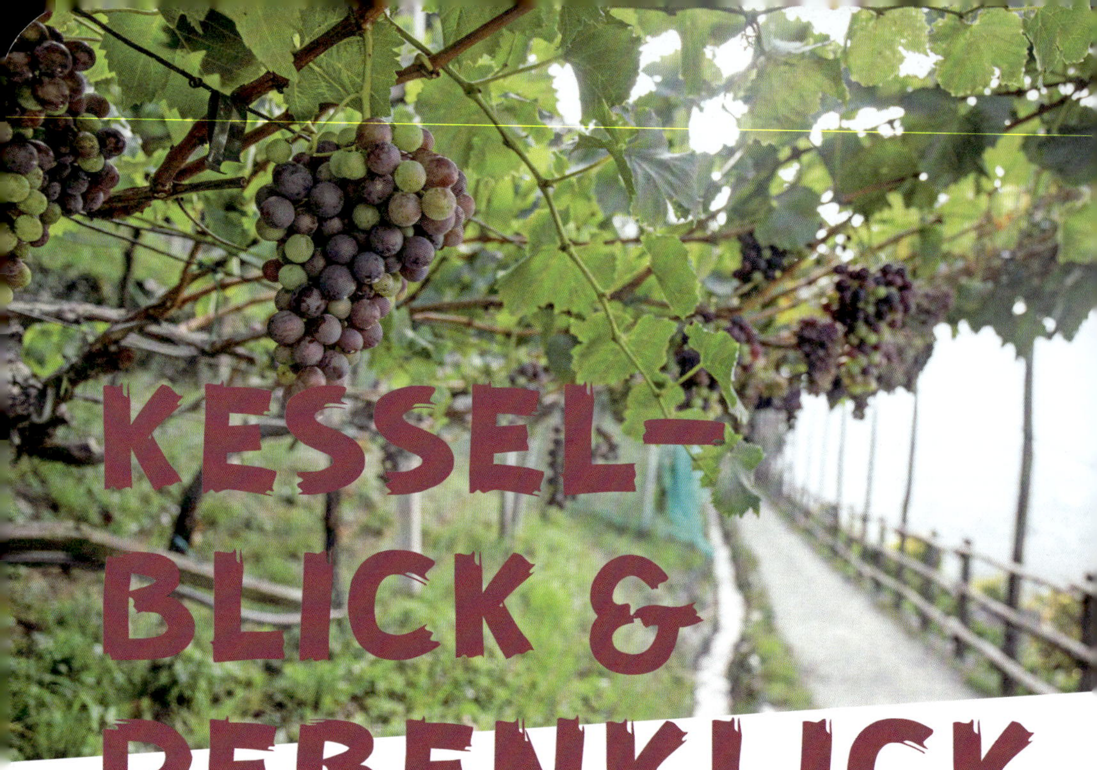

KESSELBLICK & REBENKLICK

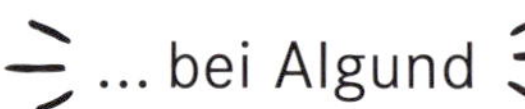

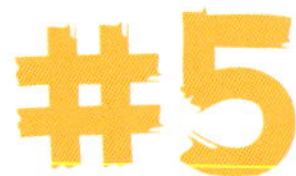

... bei Algund

#5 *Am Rande des Meraner Talkessels schmiegt sich die Gemeinde Algund an die Sonnenseite der Berge. Am gleichnamigen Waalweg wandert man zwischen Weinreben, alten Höfen, charmanten Villen und grandiosen Aussichtspunkten auf einem der schönsten Panoramawege des Landes!*

#Familienwanderung #Obstanbau #Fernblick #Höfeweg

→ ABSTECHER …

Kennst du einen, dann kennst du sie alle? Auf gar keinen Fall! Jeder Waalweg ist anders und im Prinzip eine Erweiterung des Südtiroler Wanderwege-Repertoires. Wie auf vielen anderen Waalwegen sind auch am Algunder Waalweg nur wenig Höhenmeter zu überwinden, denn man geht direkt am Bewässerungskanal entlang. Ideal also für einen langen Morgenspaziergang, eine Joggingrunde am Abend oder einen Ausflug mit Kind und Kegel.

Das berühmte alpin-mediterrane Meraner Mikroklima gilt auch für das Gartendorf Algund. Die geschützte Lage im Tal verhilft der Gemeinde sogar zu einigen Grad mehr als in den umliegenden Dörfern. Gepaart mit rund 300 Sonnentagen im Jahr ist die Chance extrem hoch, gute Bedingungen für eine Waalweg-Wanderung vorzufinden. Im Frühling wird der Weg zum blühenden Erlebnis mit Blick auf die noch verschneiten Gipfel des Hirzers und des Iflingers. Im Sommer lohnt sich ein Besuch in den frühen Morgenstunden, wenn die meisten Weggefährten gerade erst aus dem Bett kriechen. Dann ist die Luft noch schön kühl und der Blick ungetrübt. Insgesamt besteht Algund aus acht verschiedenen Ortsteilen, die mit der Zeit dichter aneinandergewachsen sind. Dazwischen sieht man die für die Region so markanten Weinreben und Apfelplantagen.

Ganz im Süden von Algund liegt der Ortsteil Forst mit der Südtiroler Spezialbierbrauerei Forst (www.forst.it, Brauereibesichtigungen möglich). Der Waalweg hingegen führt über die nördlich gelegenen Ortsteile direkt über Algund hinweg. Da immer wieder Gräben vom Waalweg ins Tal gehen, kann man an unterschiedlichen Stellen starten und muss sich nicht strikt an die Von-A-nach-B-Vorgabe halten. Einige der Gräbenwege sind etwas

Wunderschöne Villen, alte Bauernhöfe, Weingärten und Aussichtsbänke - der Algunder Waalweg ist ein Alleskönner. Besonders praktisch: Je nach Lust und Laune kann man ihn gegebenenfalls auch abkürzen.

verwachsen und nicht auf allen Karten eingezeichnet, meistens kann man ihnen aber trotzdem gut folgen.

Vom Parkplatz in Oberplars bei der Töllgrabenbrücke wandert man etwas oberhalb des Sesselliftes (Eskapade #45) zunächst nach Mittelplars. Unglaublich, aber wahr: Der Waalweg wurde bereits vor mehr als einem halben Jahrtausend errichtet. Wie der Ausblick damals wohl war?

Heute ist er dank der Weinhügel auf jeden Fall wunderschön. Der Weg führt bis zum Meraner Ortsteil Gratsch und endet an einer modernen Stahlbrücke. Von hier besteht ein gut ausgeschilderter Anschluss an den Tappeinerweg ins Zentrum von Meran. Alternativ geht es zu Fuß oder auch mit dem Bus zurück zum Ausgangsort.

Hin & weg: Der Bus 237 fährt von Meran nach Algund bis zur Haltestelle Plars Waalweg. Mit dem Auto geht es von Meran nach Algund und weiter bis zum Parkplatz Töllgrabenbrücke.

Dauer & Strecke: 2–2,5 Std. mit Fotostopps für 4 km. 200 hm.

Beste Zeit: Im Frühling zur Apfelbaumblüte, im Sommer frühmorgens.

Ausrüstung: Bequeme Schuhe, Wasserflasche. Eine sehr gute Einkehrmöglichkeit findt sich direkt am Anfang des Weges im Gasthaus Leiter am Waal (www.leiteramwaal.com).

FAZIT: EINER DER SCHÖNSTEN PANORAMAWEGE DER REGION.

→ Abstecher …

AUF DIE SPITZE GETRIEBEN

… am Grödner Joch

#6

Steil, schroff und atemberaubend: Die Cirspitzen am Grödner Joch haben es nicht nur Fotografen angetan. Kletterer erklimmen Zug um Zug ihre Gipfel, Spaziergänger am Fuße der Felstürme sehen ihnen staunend zu. Dabei sind nicht alle Wege so schwierig, wie es auf den ersten Blick scheint.

#Bergtour #viaFerrata #versicherterSteig #Aussichtsberg #Dolomiten

Man möchte es von unten kaum glauben, aber die höchste Erhebung der Cirspitzen, die Große Cirspitze mit 2592 Metern, ist tatsächlich für geübte Bergsteiger auch ohne spezielle Ausrüstung zu erklimmen. Weniger geübte »Bergfexe« oder Kinder hängen sich mit einem Klettersteigset am Drahtseil an und meistern so die schwierigeren Wegstücke. Vor allem im oberen Teil muss etwas geklettert werden; dabei empfiehlt es sich, die Hände zur Hilfe zu nehmen! Ängstlich sollte man auf dieser Bergtour nicht sein, da jedoch viele gute Tritte, ein fester Fels und Griffe verfügbar sind, ist sie erfahrenen Bergsteigern durchaus ohne weitere Hilfsmittel zuzutrauen.

Die Eskapade beginnt mit direktem Gipfelblick am Grödner Joch. Über Blumenwiesen und Pfade erreicht man das Geröllfeld, das zum Einstieg führt. Am Seil geht es unter einem Überhang nach oben, weiter über verschiedene Felsstücke, an denen man meistens auch gut dem Gegenverkehr ausweichen kann. An sonnigen Sonntagen kann es hier nämlich durchaus etwas voller werden. Nach rund 1,5 Stunden erreicht man den Gipfel, wo es viele Plätzchen zum Sitzen gibt und man in die Ber-

---

Hin & weg: Aus Corvara (Gardertal) oder Wolkenstein (Grödnertal) mit dem Bus 473 bis zum Grödner Joch. Mit dem Auto über die Passstraße zwischen Garder- und Grödnertal erreichbar. Kostenpflichtige Parkplätze am Joch.

Dauer & Strecke: 2–3 Std. reine Gehzeit, 480 hm, 4 km.

Beste Zeit: Nur bei gutem Wetter und trockenem Felsen.

Ausrüstung: Komplette Wanderausrüstung, feste Schuhe, Wasserflasche, eventuell Klettersteigset mit Helm, Sonnenschutz.

Flower-Power: Dank der Höhe auf über 2000 Metern findet man im Juli, wenn im Tal vieles bereits verblüht ist, noch eine frühlingshafte Blumenpracht, die sich bis zu den Felsen erstreckt.

ge schauen kann. Denn die meisten kommen schließlich hier rauf, um die Sicht nach unten zu genießen.

Etwas anspruchsvoller wäre der benachbarte Klettersteig auf die Kleine Cirspitze, der sich gut mit der Großen Cirspitze kombinieren lässt. Die Aussicht ist vom höchsten Punkt aber natürlich am besten! Alpine Kletterer erreichen die Große Cirspitze auch über die sogenannte Demetz-Führe, eine Mehrseilroute im Schwierigkeitsgrad IV+ bis V mit neun Seillängen. Die nahe gelegene Jimmi Hütte (www.jimmyhuette.com) lädt beim Abstieg mit einer Sonnenterrasse und einem Kinderspielplatz zum Verweilen ein. Wer die Wanderung noch etwas ausgiebiger genießen möchte, verlängert den Abstieg einfach um diesen Abstecher!

FAZIT: SPEKTAKULÄRE BERGTOUR AUF DEN PREMIUM-AUSSICHTSTURM DER CIRSPITZEN INMITTEN DER DOLOMITEN!

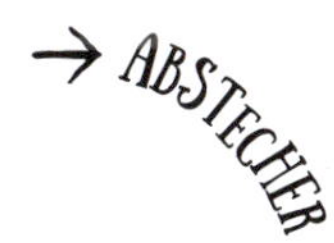

KEINE SCHUHE? KEIN PROBLEM!

Barfußgehen ist gesund, so sagt man. Nur machen wir es leider viel zu selten. Der Barfußweg in Ratschings ist ein guter Anlass, sich mal ganz bewusst darauf einzulassen. Einen wunderbaren Blick in die Berge und einen rauschenden Bach zum Abkühlen hat Mutter Natur für diese Eskapade auch bereitgestellt!

#Barfußweg #lessismore #Talschluss #Naturpur #HitzeEscape

Im Grunde genommen könnte man es ja überall tun: die Schuhe ausziehen, die Socken abstreifen und die nächsten Minuten einfach mal barfuß umherspazieren. Und dennoch macht man es als Erwachsener oft viel zu selten. Ganz im Norden von Südtirol lädt der Ratschinger Talweg genau dazu ein. Zum Ankommen, Runterkommen, Aufatmen und Reinspüren – in sich und seine Füße.

Der Ratschinger Talweg verläuft von Bichl ans Talende nach Flading. Wer einen Tagesausflug

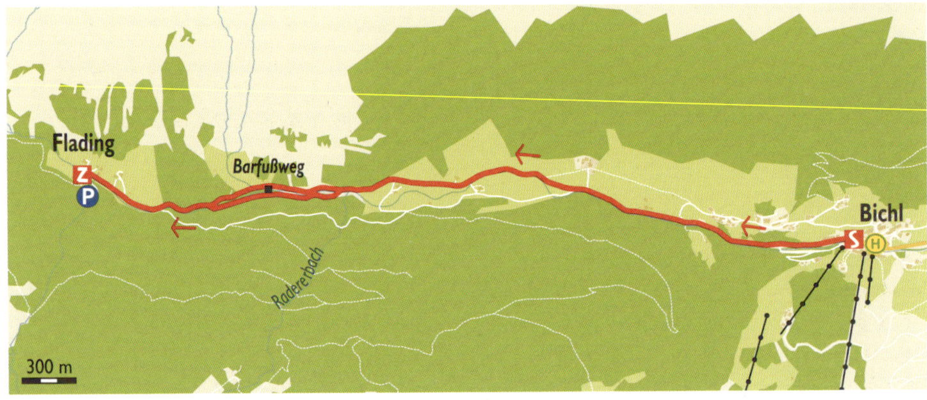

Barfuß gehen ist furchtbar gesund: Es fördert die Durchblutung, beugt Thrombosen vor und macht obendrein auch noch Spaß!

daraus machen möchte, könnte diese Eskapade auch mit der Eskapade #17 kombinieren. Von Bichl aus führt der Weg immer entlang des Ratschingerbachs in Richtung Berge. Direkt im Talschluss steht der 1970 Meter hohe Hocheck, dahinter zeigen sich die Spitzen der Ratschinger Weißen (2822 Meter) und der Zermaidspitze (2793 Meter).

Auf leisen Sohlen ist man auf den 500 Metern der Anlage neben der Forststraße wahrlich nicht unterwegs. Ständig pikst etwas von unten, drückt und massiert die Fußsohlen beim vorsichtigen Balancieren über Steine und Holzbalken. Da kann einem schon der eine oder andere Freudenschrei entweichen! Insgesamt sind es 21 Becken, die sich hier aneinanderreihen und mit unterschiedlichen Materialien gefüllt sind: Holzscheiben, Sand, Gras, kleine Steine, große Steine, Holzschnitzel und dicke Zapfen wechseln sich hier ab.

Rund 240 Schritte lang hat man Zeit, sich dran zu gewöhnen, schnell weiterzuhüpfen oder auch mal dort zu verweilen, wo es sich gerade besonders gut anfühlt. Wer weiß, vielleicht erscheint der eigene Schuh danach gar nicht so attraktiv wie zuvor und man behält das neu gewonnene Freiheitsgefühl noch ein paar Minuten länger bei.

FAZIT: SINNLICHES VERGNÜGEN FÜR BARFUßFREUNDE – UND ALLE, DIE ES BISHER NOCH NICHT SIND.

Hin & weg: 15 Min. mit Bus 319 von Sterzing bis Bichl. Mit dem Auto entweder bis Bichl oder zu den Parkplätzen vor der Kapelle in Flading.

Dauer & Strecke: 2–3 Std., Hin und zurück 9 km.

Beste Zeit: Perfekt an heißen Tagen, da es auf knapp 1400 hm kühler ist.

Ausrüstung: An heißen Tagen genug Trinkwasser mitnehmen. Einkehrmöglichkeit z. B. beim Schölzhornhof (www.schoelzhornhof.com) in Flading.

AUSZEIT MIT GENUSS

Einmal viel Kultur und gute Kulinarik, bitte! Auf der Hühnerspielhütte im Südtiroler Wipptal vereinen sich die Freizeitvorlieben verschiedener Geschmäcker. Neben einem Veranstaltungsprogramm gibt es eine wunderbare biologische Küche. Vom hauseigenen Outdoor-Kinosaal ganz zu schweigen.

#BioAlm #Genusswandern #Panoramablick #Knödeltime

Im Freiluftkino etwas oberhalb von der Hütte lässt sich das Panorama besonders gut genießen.

Wer einen inneren kulinarischen Kompass besitzt, wird die Anziehung bereits aus der Ferne spüren. Spätestens aber wenn man vor der Hühnerspielhütte (www.huehnerspielhuette.it) auf 1868 Metern steht und einem der Geruch von frischen Knödeln, Schupfnudeln und Co entgegenschlägt, läuft garantiert jedem das Wasser im Mund zusammen! Hier erwartet einen ein Festmahl für den Gaumen und das Auge. Das Motto der Küche: wenig Fett, wenig Salz, viele Gewürze und frische Kräuter. Die hochwertigen Zutaten sind handverlesen, und das Restaurant ist sogar Bio-zertifiziert.

Serviert wird veredelte Südtiroler und Tiroler Kost, alle Gerichte sind 100 Prozent hausgemacht, und viele der Zutaten kommen aus Betrieben aus der Umgebung. Sind die Mägen erst mal gefüllt, kann man sich dem kulturellen Unterhaltungsprogramm widmen. Die Schutzhütte ist Veranstaltungsort von Konzerten, die von ursprünglicher Volksmusik bis hin zu modernen, experimentellen Klängen reichen, sowie von Ausstellungen, Theaterstücken und Filmvorführungen. Das wechselnde Kulturprogramm erfragt man am besten telefonisch.

Ähnlich wie im Knottenkino (Eskapade #4) gibt es auch hier einen Film in Dauerschleife: Etwas oberhalb von der Hütte sind ausrangierte Sesselliftstühle am Hang befestigt. Die Leinwand umfasst den Blick ins Tal, auf die gegenüberliegenden Bergspitzen und ein gutes Stück vom Himmel.

Die Kinostühle stammen übrigens aus dem ehemaligen Skigebiet, das Mitte der 1950er Jahre errichtet wurde. Bereits um die Jahrhundertwende war die damalige Hühnerspielhüt-

---

Hin & weg: Mit dem Auto von Sterzing Richtung Pfitschertal, an der Abzweigung nach Schmuders. An der Jausenstation Braunhof vorbei und weitere 7 km bis zur Riedbergalm. Ohne Auto empfiehlt sich eine längere Wanderung ab der Busstation Ponticolo, Linie 313 (ca. 1,5 Std., 570 hm).

Dauer: 2–3 Std. für 3,5 km mit Genusspause. 90 hm.

Beste Zeit: Juni bis September (aktuelle Öffnungszeiten und Ruhetage beachten).

Ausrüstung: Normale Wanderausrüstung, Bargeld für die Hütte, Kamera nicht vergessen!

Mit der Kuh auf Du und Du: Eine Alm ist kein Streichelzoo, auch wenn so manche Kuh neugierig näherkommt. Wer keine Lust auf eine Begegnung hat, bleibt ruhig und geht lieber einen Bogen.

te ein beliebtes Ausflugsziel, welches aber mit Ausbruch des Ersten Weltkriegs von den Karten verschwand. In den 1980ern geriet das Gebiet dann in finanzielle Schwierigkeiten, die Lifte wurden eingestellt, und auch die Hühnerspielhütte blieb einige Zeit geschlossen, bis sie Ende der 1990er wiedereröffnet wurde.

Heute ist sie auch ganz ohne Liftanlagen wieder ein beliebtes Ausflugsziel. Das mag allerdings auch an der Straße liegen, denn je nach Zeitbudget und Kondition sind es nur rund 30 Minuten vom Parkplatz der Riederbergalm zur Hütte. Immerhin bleibt so mehr Zeit für den Genuss und den Kinobesuch!

FAZIT: KULINARISCHE HÖHENFLÜGE AUF EINER BODENSTÄNDIGEN HÜTTE MIT FERNBLICK IN DIE BERGE.

EIN STEIN IM BACHBETT

… im Ultental

Es war einmal ein Holzhaus, das stand auf einem Stein, der noch viel größer war als das Haus – nur wussten das die Menschen damals gar nicht. Bis zu jener unheilbringenden Nacht, als des kleine Talbach zu einem reißenden Fluss anschwoll und alles mitriss, was nicht niet- und nagelfest war …

#surreal #derStoffausdemMärchensind #Talweg #urig

Obacht! Auf Bauernhöfen gibt es stets äußerst aufmerksame Beobachter.

Unwetter und Überflutungen kennen wir alle in irgendeiner Form. Gerade in den Bergen werden Murenabgänge, Lawinen und Starkregen schnell kritisch. Kleine Bäche verwandeln sich dann rasch zu gefährlichen Flüssen. Doch immerhin wissen wir dank genauer Vorhersagen meist vorab, wann es brenzlig werden könnte, und sind in der Lage mit Baggerarbeiten und Evakuationen dagegen vorzugehen. Im Jahre 1882 wusste man zwar viel über die Natur, aber von solchen Warnsystemen hätte man nicht einmal zu träumen gewagt.

Das Entsetzen muss groß gewesen sein, als die Bewohner des Häuserl am Stoan nach jener Nacht aufwachten und feststellten, dass ringsum alles verschwunden war. Einzig ihr Haus stand noch da, in der Mitte des Tals auf einem großen Stein. Wie durch ein Wunder wurde es beschützt und ist noch heute zu bestaunen. Weil es nach wie vor bewohnt wird, kann man allerdings nur einen Blick von außen erhaschen. Und das am besten möglichst unauffällig, denn niemand möchte gerne in seinem Eigenheim gestört werden. Sehenswert ist dieses ungewöhnliche Bauwerk dennoch!

Übrigens gibt es am Ultner Talweg noch weitere schöne Holzhäuser. Der Weg führt von der pittoresken Gemeinde St. Pankraz über Straßen, Wiesen und Wälder immer in Ufernähe der Flaschauer entlang.

Der Gebirgsfluss ist heute gezähmt, was vor allem an dem Bau der sechs Staudämme im Ultental liegt. Nach dem Zweiten Weltkrieg zapften italienische staatliche Großkonzerne den natürlichen Wasserreichtum für die Erzeugung von elektrischer Energie an. Das abgelegene, sehr bäuerlich geprägte Ultental litt enorm darunter; viele Bauern verloren bei der Überflutung ihre Höfe, Grund und Boden. Andererseits hat man seitdem das Hochwasser im Griff, und auch die touristische Erschließung begann.

Wer sich für alte Bauernhöfe interessiert, sollte sich bei seinem Besuch auch den etwas weiter im Tal gelegenen Ultner Höfeweg anschauen, der zwischen dem Talmuseum (www.ultental-valdultimo.com) in St. Nikolaus und St. Gertraud verläuft.

Auf 735 Meter Seehöhe gelegen, ist die Gemeinde St. Pankraz, von Lana kommend, die erste Ortschaft im Ultental. Die Kirche hat einen 56 Meter hohen gotischen Turm, der das Ortsbild wunderschön prägt.

FAZIT: SCHÖNER TALSPAZIERGANG MIT SURREALEM HAUS.

Hin & weg: Mit dem Bus 245 von Meran, Bahnhof bis nach St. Pankraz, Heizwerk. Man kann den Rückweg auch abkürzen, indem man bei Bad Lad in den Bus zurück einsteigt.

Dauer & Strecke: 2–3 Std. mit Fotostopps., 350 hm, 5,5 km.

Beste Zeit: Frühling bis Herbst.

Ausrüstung: Bequeme Wanderschuhe, Karte oder GPX-Track nicht vergessen!

→ ABSTECHER …

AUF DER OBST-PROMENADE

#10

Lana ist Südtirols Epizentrum des Apfelanbaus. Rund 70 000 Tonnen Äpfel reifen in etwa 500 landwirtschaftlichen Betrieben Jahr für Jahr hier heran. Am Brandiswaalweg kann man sich einen guten Überblick über die Plantagen verschaffen – und passiert dabei auch jede Menge anderer Obstbäume.

Noch ein Waalweg? Ja! Allerdings hält sich der Brandiswaalweg dezent im Hintergrund dieser Eskapade, verläuft er doch unterirdisch in einem Rohr. Viel prominenter sind hingegen die Obst- und Weingärten, die sich rechts und links des recht breiten Weges erstrecken. Die Route ist ideal für Kinderwagen und Rollstuhlfahrer und dank des schönen Ausblicks für die ganze Familie vom Baby bis zur Uroma ein toller Ausflug.

Der Einstieg zum Waalweg zweigt direkt an der Bundesstraße ab, die ersten Meter muss man also am Gehsteig der nicht wenig befahrenen Straße zurücklegen. Danach wird es ruhig und vor allem sehr grün. Hier werden verschiedene Weinreben angebaut und Äpfel in den typischen Reihen kultiviert. Zudem bieten große Kastanienhaine willkommenen Schatten. Dazwischen blühen im Sommer bunte Blumen, sodass es eine wahre Freude ist, hier umherzuspazieren. Eigene Schilder weisen auf das bereits Naheliegende hin: »Dem Wanderer die Natur, dem Bauern das Obst« – Pflücken ist hier verboten.

An der Kapelle der Heiligen Margarte vorbei führt der Weg nach Niederlana, wo man einen Abstecher zum Südtiroler Obstbaumuseum

---

Hin & weg: Bus 216 (Richtung Vilpian) oder 214 (Richtung Völlan) vom Busbahnhof Lana zur Haltestelle Gampenstraße. Mit dem Auto bis Meran. Kostenpflichtiger Parkplatz P4 an der Gampenstraße.

Dauer & Strecke: 40–50 Min. pro Richtung für eine Strecke von 3 km.

Beste Zeit: Ganzjährig, am schönsten im Frühsommer.

Ausrüstung: Keine besondere notwendig, auch für Kinderwagen geeignet, Einkehrmöglichkeit am Weg in der Waalrast.

Der Brandiswasserfall ist eine wohltuende Erfrischung an heißen Sommertagen. Es gibt einige Sitzgelegenheiten zum Picknicken und Kinder können im seichten Wasser spielen.

(www.obstbaumuseum.it) und zur Pfarrkirche von Niederlana (www.meranerland.org > Highlights > Sehenswuerdigkeiten > Schnatterpeck Hochaltar) machen könnte. Letztere ist für den Schnatterpeckaltar bekannt, welcher nach seinem Erbauer, dem gleichnamigen schwäbischen Bildhauer aus dem Mittelalter, benannt wurde. Bald darauf erspäht man bereits die Burgruine Brandis. Ihr zu Fuße befindet sich ein Golfclub; ein Warnschild weist auf die Gefahr »fliegender Golfbälle« hin. Es lohnt sich das Risiko einzugehen, erstens weil der Platz hoch eingezäunt ist und zweitens weil am Ende des Weges ein schöner Wasserfall wartet. Zurück geht es über den gleichen Weg. Kurz vor dem Wasserfall lädt die Waalrast (www.waalrast.com) zur Einkehr ein. Der Wanderweg führt fast durch die Gaststätte hindurch, die man dementsprechend gar nicht übersehen kann!

FAZIT: EINFACHE WANDERUNG ZWISCHEN ÄPFELN UND WEINTRAUBEN.

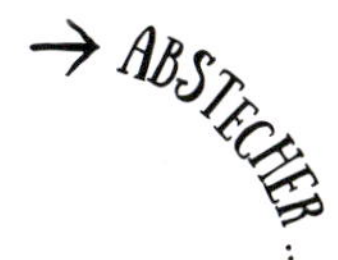

TIEF IM DSCHUNGEL

#11

Exotischer geht nicht: Der dicht begrünte Dschungel in der Rastenbachklamm beamt einen sofort in eine andere Welt. Besonders an heißen Sommertagen ist der etwas abenteuerliche, aber sehr gut ausgebaute Wanderweg mit Wasserfalldusche ein guter Tipp und eine Alternative zum See.

#chasingwaterfalls #Naturdusche #Grüntöne #inthejungle

Efeubewachsene Bäume, umgefallene Stämme, das ständige Plätschern des Rastenbachs (Rio Pausa auf Italienisch) geben die Szenerie dieser Eskapade vor. Der gut befestigte Weg führt über kleine Brücken, Treppen mit Gitterrosten und so einigen Stufen. Auf einem kleinen Teil müssen sogar felsige Stellen überwunden werden. Für Klein und Groß eine leicht machbare Gaudi mit Abenteuerfaktor!

Die hier vorgestellte Tour führt von oben nach unten und wieder hinauf zum Ausgangspunkt. So taucht man zuerst tief in das Herz der Klamm ein, kühlt sich am niedrigsten Punkt im Wasserfall ab und steigt dann erfrischt wieder auf zum Ausgangsort. Der erste Teil des Weges geht über einen schmalen Pfad durch einen lichten Wald, der nach kurzer Zeit auf den Bach trifft. Ab nun führt der Weg am Fluss entlang; mal rechts, mal links geht es über Gitterpfade, bis man schlussendlich den großen Wasserfall erreicht.

An heißen Sommertagen kann man sich zur Abkühlung direkt in den Wasserfall stellen. Das Wasser ist dank der südlichen Lage keine

---

Hin & weg: Der Citybus 135.4 fährt vom Bahnhof Kaltern (Richtung Altenburg) bis zur Station Rastenbachklamm. Mit dem Auto über Kaltern zum Müllereck. Kleiner Parkplatz neben der Straße.

Dauer & Strecke: 2–3 Std., mit Badestopp. 3 km, 320 hm bergab, 160 bergauf.

Beste Zeit: An heißen Sommertagen.

Ausrüstung: Gute Schuhe, Wasserflasche, eventuell Badekleidung, Handtuch. Keine Einkehrmöglichkeit direkt am Weg.

Der Kalterer See ist der größte Badesee Südtirols und der wärmste Alpensee überhaupt. Die teils abenteuerliche Erkundung der Rastenbachklamm lässt sich wunderbar mit einem Tag am See kombinieren.

eiskalte Mutprobe, sondern eher eine wohltuende Erfrischung. Es zahlt sich aus, Badekleidung und ein Handtuch einzupacken! Natürlich kann man auch einfach nur die Füße im Wasser baumeln lassen und sich für den Rückweg mit seiner mitgebrachten Jause stärken.

Auf dem Weg nach oben passiert man enge Felsen, zwischen denen man hinaufkraxeln muss. Ein wenig abenteuerlich ist die Strecke, aber gut gesichert und für jeden mit zwei gesunden Beinen machbar. Danach folgen ein paar Kurven durch den Wald hinauf, und kurz vorm Ziel bietet sich noch ein kleiner Abstecher zur Panorama-Aussichtsplattform an. Der Blick auf den Kalterer See ist wunderschön, und nur eins ist besser als die Aussicht: ein baldiger Sprung in den See als Abschluss der Tour!

FAZIT: DSCHUNGEL-VIBES UND WASSERFALLDUSCHE IM SÜDEN SÜDTIROLS!

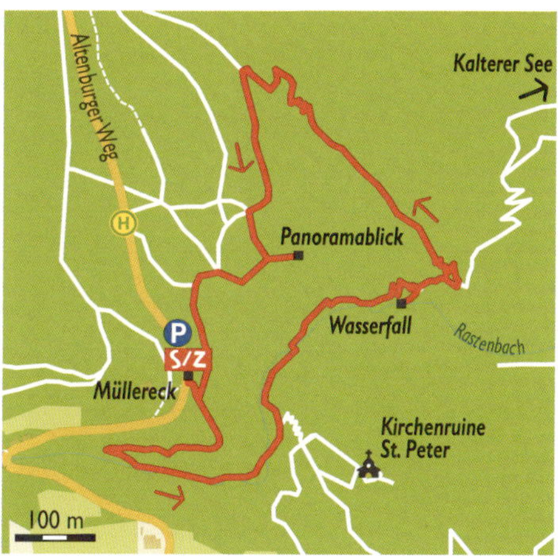

DOLCE FAR NIENTE

… am Fuße des Schlern

#12

Badeseen sind in Südtirol eine Rarität. Die meisten Bergseen eignen sich eher für einen kurzen Sprung ins eiskalte Nass, der Völser Weiher hingegen bietet neben einem phänomenalen Bergblick auf den Schlern in den Sommermonaten auch angenehme Wassertemperaturen.

#Naturpur #Bergbadetag #Schwimmenwithaview #Fischspotting

Abstecher …

Klein, aber oho! Der Völser Weiher ist ein idyllischer Badesee, der im 16. Jahrhundert von Leonhard von Völs-Colonna als Fischteich angelegt wurde. Heute wiegen sich die Fische hier in Sicherheit, denn die Angler sind einen See weiter zum Huberweiher gezogen. Dort stehen sie manchmal selbst im Winter über ihren Eislöchern und versuchen ihr Glück.

Während das Fischen im Völser Weiher inzwischen verboten ist, darf man jederzeit baden. Da sich der See 1036 Meter über dem Meeresspiegel befindet, ist das vor allem an heißen Sommertagen ein echter Genuss. Weil er aber maximal 3,50 Meter tief und sehr dunkel ist, speichert er die Wärme ganz gut, sodass man auch im September oft noch seine Bahnen ziehen kann.

Einerseits lässt sich ein Abstecher zum See gut mit einer Wanderung auf der Seiser Alm (www.seiseralm.it) verbinden, andererseits lohnt sich der Besuch auch für einige Stunden Erholung am Wasser. Ein Kiosk und ein

Restaurant sorgen bei Bedarf fürs leibliche Wohl, auf den hölzernen Stegen und Plateaus über dem Wasser kann man sein Handtuch ausbreiten. Den schönsten Blick hat man allerdings von der anderen Seite: Vom Wanderweg aus spiegeln sich die Felsformationen im Wasser. Der dahinterliegende Schlern samt Santnerspitze ist Teil des Naturparks Schlern-Rosengarten. Eine Infostelle dazu gibt's am Parkplatz. Besonders empfehlenswert ist der

Der Völser Weiher ist circa einen Hektar groß und maximal 3,5 Meter tief. Ein Teil des Sees wird als geschütztes Biotop ausgewiesen, im anderen sind Badegäste im Sommer herzlich willkommen.

Besuch für alle, die mehr über die Biotope und die Vogelwelt der Region lernen wollen. Für die Beobachtung von Libellen, Fischen und Vögeln eignet sich der Völser Weiher auch an weniger heißen Tagen, dann ist hier auch deutlich weniger los. Die Bergidylle hat seinerzeit bereits Arthur Schnitzler inspiriert, dessen Theaterstück »Das weite Land« im dritten Akt im nahegelegenen Grand Hotel spielt. Besonders romantisch wird es bei einer Fahrt mit einem der roten Ruderboote über den See.

Wer den Badetag direkt mit einer kleinen Wanderung kombinieren möchte, erreicht in circa einer Stunde Gehzeit die Tuffalm (www.tuffalm.it). Achtung, kleine Fatamorgana-Entwarnung – die seltsamen Kühe mit zwei Höckern, die hier ihren Almsommer verbringen, sind tatsächlich Kamele!

Tipp: Im Winter kann man bei entsprechenden Temperaturen auf dem Völser Weiher sogar eislaufen und Hockey spielen. Die notwendigen Schlittschuhe gibt's vor Ort zum Ausleihen.

FAZIT: EIS ESSEN, SCHWIMMEN, IN DIE LUFT SCHAUEN UND DIE ZEIT VERGESSEN. EIN PERFEKTER TAG AM SEE IN DEN BERGEN!

Hin & weg: Mit dem Bus 170 von Bozen bis nach Völs am Schlern (+30–45 Min Gehzeit). Für Autos gibt es direkt am See einen gebührenpflichtigen Parkplatz im Wald.

Dauer: Variabel nach Lust und Laune.

Beste Zeit: An einem heißen Sommertag.

Ausrüstung: Badekleidung, Handtuch, gute Laune.

DAS ERSTE LICHT DES TAGES

#13

Es gibt Tage, an denen zahlt es sich so richtig aus, wenn man sich frühmorgens im Stockdunkeln aus dem Bett quält. Spätestens dann, wenn man am Gipfel des Zinselers auf 2422 Metern steht und rundherum das Licht angeht. Schöner kann ein Start in den neuen Tag wohl kaum sein!

#Sonnenaufgangswanderung #coffeewithaview #earlybird #Bergliebe

Keine Sorge, wer sich bei den ersten Schritten fragt, ob man vielleicht doch komplett bescheuert war bei der Zusage zu dieser Wanderung, der sei beruhigt. Das fragen sich a) vermutlich die meisten und b) ein bisschen verrückt muss man dafür tatsächlich sein. Die gute Nachricht lautet: Der Weg ist kurz und das Ziel golden.

Los geht die Sonnenaufgangswanderung am Penser Joch, welches das Sarntal mit dem Eisacktal bei Sterzing verbindet. Je nach Sonnenaufgangszeit sollte man eine gute Stunde vorher losmarschieren. Mit im Gepäck: ein Wechselshirt, eine warme Jacke für oben, ein Frühstückssnack und eine Stirnlampe für den Weg. An die Kamera denken viele vermutlich ohnehin als Erstes! Immerhin verschläft man ja die meisten Sonnenaufgänge, und wenn man sich mal Zeit für einen nimmt, will das dokumentiert werden. Der Weg ist gut markiert und führt mit nur leichtem Anstieg zum Gipfelkreuz, das man von Anfang an im Blick

---

Hin & weg: Mit dem Auto über die Eisacktal-Autobahn A22 bis zur Ausfahrt Sterzing und weiter in Richtung Ratschings, Abzweigung Penser Joch. Parkplätze an der Straße vorhanden. Im Sommer gibt es an manchen Tagen Wanderbusse aus dem Sarntal (www.sarntal.com). Eine Übernachtung am Joch ist im Alpenrosenhof (www.penserjoch.com) möglich.

Dauer & Strecke: Rund 1 Std. Gehzeit, 300 hm, 5 km.

Beste Zeit: Bei schönem Wetter im Sommer.

Ausrüstung: Feste Schuhe, Wasserflasche, Jause, Wechselshirt, warme Jacke, eventuell Tee in der Thermoskanne, Kamera.

Der 360-Grad-Blick vom Gipfel des Zinslers ist grandios und daher auch beliebt. Mit warmer Decke, einem Schluck Tee und guter Begleitung bleibt diese Eskapade sicherlich unvergesslich!

hat – vorausgesetzt, die Morgendämmerung hat bereits angefangen, im späten Herbst tappt man vielleicht noch im Dunkel. Schon auf dem Weg zum Gipfel spürt man, wie die eigenen Knochen erwachen, die frische Luft den Kopf durchpustet und sich auch die Natur auf den neuen Morgen freut.

Den Hühnerspiel-Gipfel lässt man links liegen, ebenso einen kleinen Teich, und geht schnurstracks nach oben, wo neben dem hölzernen Gipfelkreuz zahlreiche Steinmännchen warten. Dieser Ort ist wie für Sonnenaufgänge geschaffen, und der kurze Anstieg macht ihn zum beliebten Ausflugsziel für die gesamte Familie. Auf den einfachen Holzbänken findet man meist einen guten Sitzplatz, für einen warmen Schluck Tee aus der Thermoskanne oder gar einen frisch zubereiteten Kaffee muss man allerdings selbst sorgen.

Im Norden sieht man sogar noch die Berge rund um Innsbruck; der Patscherkofel ist dank der Antenne gut zu erkennen. Links davon befindet sich die mächtige Tribulaune im Grenzgebiet und weiter rechts davon das Hühnerspiel (Eskapade #8) beim Brenner. Im Südosten leuchten die schroffen Felsen der Dolomiten. Wer die vielen Gipfel genauer betrachten möchte, sollte ein Fernglas einpacken und sich vorab um eine Karte oder App zum Bestimmen der Bergspitzen kümmern.

Dabei darf man jedoch nicht den wichtigsten Moment des Tages verpassen! Jenen, an dem sich die Sonne über die Gipfel schiebt. Danach wird alles anders sein. Die Gräser strecken sich empor, ein leichter Luftzug bringt frischen Wind und die Tierwelt erwacht. Vielleicht hört man sogar das eine oder andere Murmeltier pfeifen. Von den Weiden klingt das Schellen der Kuhglocken und Ziegenherden herüber.

Hat man sich schlussendlich an der Aussicht sattgesehen, geht es wieder zurück zum Parkplatz. Dabei erlebt man die Bergwelt vollkommen anders als noch beim Aufstieg. Sicher ist: Das zweite Frühstück unten im Tal wird garantiert schmecken nach diesem ausgedehnten Morgensport!

FAZIT: AUF DER POLE POSITION IN DEN TAG STARTEN!

PANZER UND DRACHEN-ZÄHNE

... am Reschenpass 

#14

Kein Durchkommen hätte es hier jemals geben sollen, wäre es nach dem faschistischen Italien im Zweiten Weltkrieg gegangen. Und dann kam doch alles anders ... Eine geschichtsträchtige Rundwanderung mit herrlichem Seeblick und historischem Abenteuerfaktor!

#Hochmoor #Bunker #Fernblick #niemalsvergessen #Reschensee

→ ABSTECHER ...

Viele Durchreisende, die über den Reschenpass in den Süden nach Italien fahren, machen am Reschensee kurz Pause. Direkt am Wahrzeichen der Region befindet sich ein großer Parkplatz, vor dem der versunkene Kirchturm im Wasser steht. Die Geschichte hinter dem idyllischen Turm der ehemaligen St. Katharinakirche ist weniger romantisch als sein Anblick, denn er ist ein trauriger Zeuge der sehr umstrittenen Flutung des Tals für ein neues Stauseeprojekt nach dem Ende des Zweiten Weltkriegs im Sommer 1950: 677 Hektar Grund wurden geflutet, 150 Familien verloren ihren Wohnsitz, die Hälfte von ihnen wanderte ab. Zweimal versuchte man den Turm zu sprengen, aber er blieb stehen. Heute ist er unter Denkmalschutz. 2020 wurde er durch die Netflix-Serie »Curon« noch berühmter.

Die Eskapade beginnt in Reschen, das zur Gemeinde Graun gehört. Auch hier wandeln wir auf geschichtsträchtigen Pfaden. Die Tour führt zum Hochmoor Plamort, wo am Anfang des Zweiten Weltkriegs Italien eine Panzersperre zum Schutz vor einer möglichen Invasion Hitlers errichtete. Die Bunker und die an Drachenzähne erinnernde Sperre sind Teil des

Projekts Alpenwall, mit dem der italienische Faschistenführer Mussolini sich gegen Norden absichern wollte. Über viele Jahre hinweg wurde sie gebaut und verstärkt.

Als die deutsche Wehrmacht 1943 in Italien einmarschierte, war die Anlage zwar komplett funktionsfähig, wurde aber dennoch kampflos übergeben. Erst ab 2001 wurde die verwaiste Anlage saniert, und die Bunker können besichtigt werden. Die militärische Einrichtung befindet sich unter Denkmalschutz.

Wer vor den mächtigen Eisenpfeilern steht, die ähnlich einer Armee den Weg versperren, den überkommt wohl automatisch das Gruseln. Die Lärchenpfähle wurden tief in die Erde geschlagen, mit Beton verstärkt und mit spitzen Eisenkappen vollendet. Der Vergleich zu Drachenzähnen ist naheliegend. Abenteuerlich ist auch die Besichtigung der offenstehenden Bunker, von denen aus das Hochmoor gut überwacht war. Beim Rück-

---

Hin & weg: Mit dem Bus aus Mals (Endstation Vinschgaubahn Meran–Mals) oder aus dem Norden mit Umstieg in Nauders. Mit dem Auto aus dem Norden über Landeck bis zum Reschensee. Aus Südtirol kommend von Meran durchs Vinschgau bis zum Ausgangspunkt in Reschen. Kurzer Stopp beim gebührenpflichtigen Parkplatz in Graun (Kirchturm) empfohlen.

Dauer & Strecke: 3–4 Std. mit Fotostopps, 530 hm, 8,5 km.

Beste Zeit: Juli, August. Im Winter aber auch je nach Schneelage mit Schneeschuhen möglich.

Ausrüstung: Feste Schuhe, Wasserflasche, Karte oder GPX-Track nicht vergessen – die Bunker sind nicht sonderlich gut ausgeschildert.

Dank der hohen Windstärken ist der Reschensee auch für Kitesurfer und Snowkiter ein Anziehungspunkt.

weg, der knieschonend über die Forststraße führt, darf man durchaus erleichtert durchatmen. Einkehrmöglichkeiten gibt es unterwegs keine, in Reschen erwarten einen dafür diverse Optionen wie Mein Dörfl (www.meindoerfl.com) am Seeufer.

Tipp: Solange man auf den Forstwegen bleibt, eignet sich die Tour auch für (E-)Mountainbiker und andersrum sogar für Downhiller, denn vom Aussichtspunkt bis nach Reschen runter bereitet der Bunkertrail fortgeschrittenen Fahrern pure Gaudi.

FAZIT: DÜSTERE ESKAPADE, DIE GESCHICHTE GREIFBAR MACHT UND TROTZDEM FERNBLICK BIETET.

→ ABSTECHER …

WUNDER ZUM ANHIMMELN

… am Ritten

Ein Märchenerzähler könnte es nicht besser erfinden: Mitten im Wald tun sich magische Lichtungen auf, auf denen sich eine Armee wundersamer Erdkegel in den Himmel streckt. Manche sind groß, andere noch recht klein. Und alle haben sie einen Stein an ihrer Spitze, der bei Wind und Wetter über sie wacht.

#Naturdenkmal #Herbstfarben #surreal #Fotografie

Wie lange einzelne Erdpyramiden stehen bleiben, bestimmen Wind- und Regengott gemeinsam.

Wo sich früher der Eisacktaler Hauptgletscher und diverse Nebengletscher durchs Tal geschoben haben, findet man heute an mehreren Stellen späteiszeitlichen Moränenlehm. Dieser ist im trockenen Zustand steinhart, sobald es jedoch regnet, wird er zu einem weichen Brei und schmilzt förmlich dahin. Mit der Zeit bilden sich tiefe Löcher im Boden. Hier und da liegen aber auch große Steine eingeschlossen, welche den Lehmboden vor der Erosion schützen.

So entstehen Säulen, die sogenannten Erdpyramiden, die Wind und Wetter trotzen. Gelegentlich verliert eine von ihnen den Kampf, und der Stein fällt hinab. Aber kein Grund zur Sorge, ebenso wie einige im Laufe der Zeit verschwinden, kommen neue Naturwunder dazu. Da Erdpyramiden sehr fragil sein können und man nie weiß, wann sich ein Stein löst, bestaunt man sie am besten nicht aus nächster Nähe, sondern von einem sicheren Ort aus. Am Ritten gibt es sogar drei solche Stellen: bei Lengmoos im Finsterbachtal, außerdem die weißen Erdpyramiden bei Unterinn und schließlich jene, die man bereits aus der Seilbahn am Weg von Bozen nach Oberbozen erkennen kann – die Erdpyramiden im Katzenbachtal. Zu Letzteren führt diese Eskapade.

Los geht es in Oberbozen, wo die Seilbahn am laufenden Band Menschen aus der Hauptstadt auf den Bergrücken bringt. Eine sehr entspannte Alternative zur Straße! Auf dieser Wanderung ist alles ein bisschen anders: Zunächst geht es nämlich bergab und erst dann bergauf zurück zum Ausgangspunkt. Man folgt also den Schienen und genießt dabei den grandiosen Blick auf die zahlreichen Weingärten. Einige der besten Tropfen der Region stammen von Reben, die hier in sonniger Lage

---

Hin & weg: Mit dem Auto über die Eisacktal-Autobahn A22 bis zur Ausfahrt Bozen Nord, am Kreisverkehr weiter zum Ritten nach Oberbozen. Parkmöglichkeiten vorhanden. Alternativ reist man sehr bequem in 12 Min. direkt aus Bozen mit der Rittner Seilbahn an (alle 4 Min.). Sommer-/Winterfahrplan beachten!

Dauer & Strecke: 2–3 Std. mit zwei kleinen Pausen. 350 hm, 6,5 km.

Beste Zeit: Ganzjährig. An Sonntagen flüchten die Bozner gerne auf den Ritten, dann besser besonders früh oder spät hinwandern.

Ausrüstung: Feste Schuhe, Wasserflasche, Einkehrmöglichkeit am Weg im Moarhof, Karte oder GPX-Track nicht vergessen!

Die bunten Wälder und Weinberge zwischen den insgesamt fünfzehn Ortschaften am Rittner Hochplateau laden im Herbst zum Wandern und Weinverkosten ein. Die Erdpyramiden sind dabei ein Must-See.

reifen. Dann folgt man der Beschilderung und einem schmalen Pfad durch den Wald zu den Pyramiden. Nicht aus der Ruhe bringen sollten einen die in unterschiedliche Richtung weisenden Schilder zum »Erdpyramidenweg«, denn es gibt mehrere Stellen, von denen aus man die Steinsäulen bewundern kann. So empfiehlt es sich, eine Karte bei der Hand zu haben. Der erste Stopp liegt etwas unterhalb vom Moarhof (www.moarhof.it).

Je nach Andrang ist vor allem die untere Plattform ideal für ein paar schöne Schnappschüsse. Dann geht es am Moarhof vorbei zum zweiten Stopp, bevor man durch den Wald wieder hinauf nach Oberbozen spaziert.

FAZIT: MYSTISCH SCHÖNES LANDSCHAFTSPHÄNOMEN MITTEN IM WALD.

Fruchtbarkeitsrutsche
Scivolo fertilitá
"KUCHELEN"
Ringmauer 6. Jh.
Mura di cinta VI sec.

→ ABSTECHER …

LANGE VOR UNSERER ZEIT

#16

Manche Plätze offenbaren ihr Geheimnis nie. Was auf dem Hügel südlich von Bozen in vergangenen Zeiten alles geschehen sein mag, wird wohl für immer ein Rätsel bleiben. Fest steht nur eins: Ein Kraftort war Castelfeder immer schon, und das spürt man auch heute noch!

#Kraftplatz #alteVölker #mystisch #Kultstätte

Der Wanderweg führt auf geschichtsträchtigen Boden auf die Kuppe des Hügels, der bei der Anfahrt schon aus der Ferne gut zu sehen ist. Durch einen lichten Wald schlängelt sich der Pfad bergauf; zwischen den Bäumen und Wiesen liegen kleine Weiher. Es dauert nicht lange, bis man auf die ersten Spuren längst vergangener Zeiten stößt.

Gleich bei Ankunft kommt man an der Barbarakapelle vorbei, deren Vorgängerbauten bis ins 6. Jahrhundert zurückgehen. Doch die gesamte Hügelkuppe ist übersät mit runden Felsbrocken. Wie an vielen anderen Orten in den Alpen (beispielsweise bei Eskapade #45) findet man auch hier sogenannte Schalensteine. In größere Felsen wurden runde Vertiefungen geschliffen. Wie oder warum ist völlig unbekannt. Manche vermuten eine Kennzeichnung heiliger Orte, andere meinen, es war ein reiner Zeitvertrieb der Hirten. Ebenso wäre eine Hilfe zur Beobachtung des Nachthimmels denkbar.

Auf den Wiesen weiden heutzutage im Sommer frei rumlaufende Kühe, Pferde und sogar Ziegen, die vor allem Kindern ein tierisches

---

Hin & weg: Von Bozen mit der Bahn bis Auer und noch drei Stationen mit dem Bus 140 bis Fleimtalstraße (zu Fuß 30 Min.). Mit dem Auto über die Eisacktal-Autobahn A22 bis zur Ausfahrt Neumarkt Auer und weiter bis zum Parkplatz in Auer.

Dauer & Strecke: Ca. 2–3 Std., 150 hm, 3 km.

Beste Zeit: Ganzjährig. Selbst im Winter ist Castelfeder oft schneefrei.

Ausrüstung: Castelfeder bietet sich perfekt für ein selbst mitgebrachtes Picknick an, vielleicht sogar mit einer Flasche Wein aus einem der umliegenden Weinanbaugebiete.

Blick von den Resten der Ringmauer in den Süden: Links unten liegt Neumarkt, rechts am Hang die berühmten Weinanbaugebiete Tramin und Kurtatsch. In der Antike waren die Mauer und die spätere Barbara-Kapelle vermutlich die einzigen Steinbauten, die inneren Bauten der Festung bestanden aus Holz.

Vergnügen bereiten. Auch wenn die Kühe an Besucher gewöhnt sind: Es handelt sich nicht um Kuscheltiere, und der übliche Respektabstand gebührt ihnen auch hier, vor allem den Muttertieren und ihrem Nachwuchs.

Wissenschaftlich belegt ist, dass vor Ort viele Opfergaben gebracht wurden, so viel erzählen uns die Spuren der Vergangenheit. Ob zur Besänftigung der Götter, als Hilferuf oder als Dank – das lässt sich nur schwer sagen. Immerhin kennt man nicht einmal den Namen des Landes, in dem die alten Völker damals gelebt haben. Immer wieder überrascht es, was wir alles nicht wissen, obwohl wir nur einen Klick von einer unglaublichen Informationsflut im Internet entfernt sind.

Als beliebtes Fotomotiv dienen die sogenannten »Kuchelen«, Überreste einer frühmittelalterlichen Ringmauer, die gegen Süden stehen und schöne Fotomotive abgeben. Nicht weit entfernt befindet sich auch die ausgeschilderte Felsrutsche. Einem alten Fruchtbarkeitskult zufolge besaß dieser Stein die Macht, kinderlosen Frauen ihren sehnlichsten Wunsch zu erfüllen. Dass die Rutsche häufig verwendet wurde und wird, lässt sich anhand des spiegelglatten Felsens erkennen. Abgesehen davon ist das Rutschvergnügen zwar kurz, aber durchaus lohnenswert!

FAZIT: OB RÄTSELN ODER EINFACH NUR GENIEẞEN, HIER, HOCH ÜBER DEM ETSCHTAL, KANN JEDER ENERGIE TANKEN.

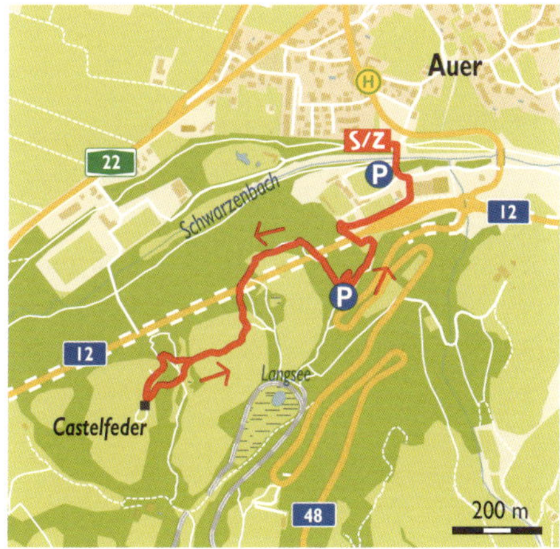

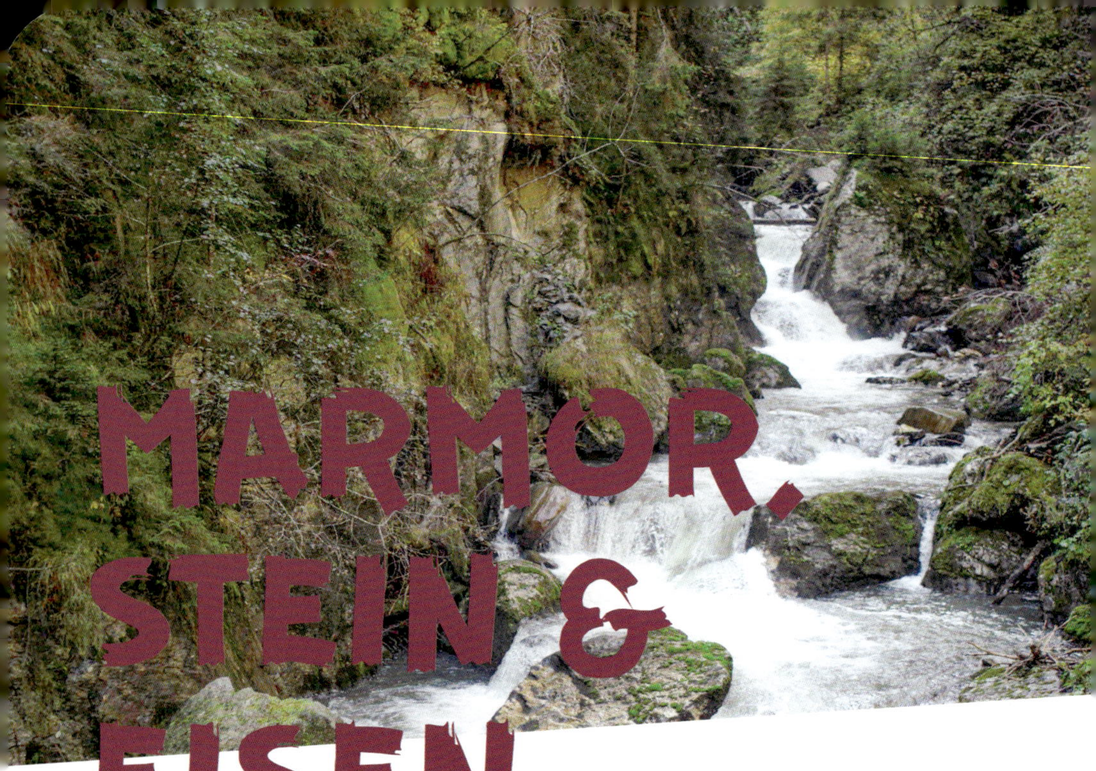

MARMOR, STEIN & EISEN

... bei Ratschings

#17

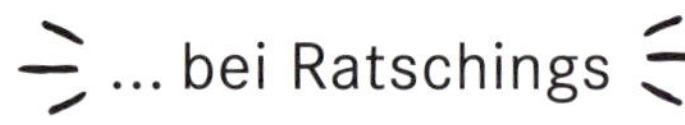

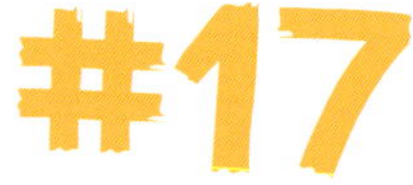

Die Gilfenklamm in der Nähe von Sterzing ist die einzige Marmorschlucht Europas! Über viele Jahrtausende hinweg hat das Wasser kontinuierlich seinen Weg durch den Marmor gebohrt und geschnitten. Statt Weiß sollte man aber trotzdem eher die Farbe Grün erwarten – und davon besonders viel!

#HerbstAdventure #Wasserfall #Geologie #50shadesofgreen

Hölzerne Stege und Brücken führen einen immer tiefer in die einzigartige Marmorschlucht.

→ Abstecher …

Bereits 1896 hat der Österreichische Alpenverein einen Fußweg durch die Schlucht angelegt, woran noch eine Gedenktafel am Weg erinnert. Der Name Kaiser-Franz-Josef-Klamm hat sich jedoch nie durchgesetzt, und so wandert man heute durch die Gilfenklamm, deren Name vom rätoromanischen Wort *golfu* abstammt, was so viel wie Bucht oder Höhle bedeutet.

Die Tour beginnt im kleinen Ort Stange und führt nach einigen Minuten auf dem breiten Weg zum Mauthäuschen, wo Besuchern gegen ein paar Euro der Zutritt zur Klamm gewährt wird. Nach der ersten Brückenüberquerung geht es stetig bergauf, immer weiter in die enger werdende Schlucht hinein. Der Blick nach unten auf das tosende Wasser wird Meter um Meter beeindruckender, nur Höhenangst sollte man besser nicht haben.

Den kostenbaren reinweißen Marmor aus der Gegend bei Ratschings haben Reisende vielleicht schon einmal im Schloss Schönbrunn in Wien oder im Archäologiemuseum in Bozen gesehen. In Letzterem befindet sich ein

Mithras-Marmorrelief aus römischer Zeit, welches den Sonnengott Mithras abbildet. Im Innenhof des Sterzinger Rathauses ist eine Kopie davon zu besichtigen, und auch in der gotischen Pfarrkirche von Sterzing wurde der edle Stein verwendet. Weißer Marmor wird hier abgebaut, seit es die römische Siedlung Vipitenum (Sterzing) gibt. In der freien Natur kann man ihn besonders gut in der Gilfenklamm bewundern. An den weißen Marmor-

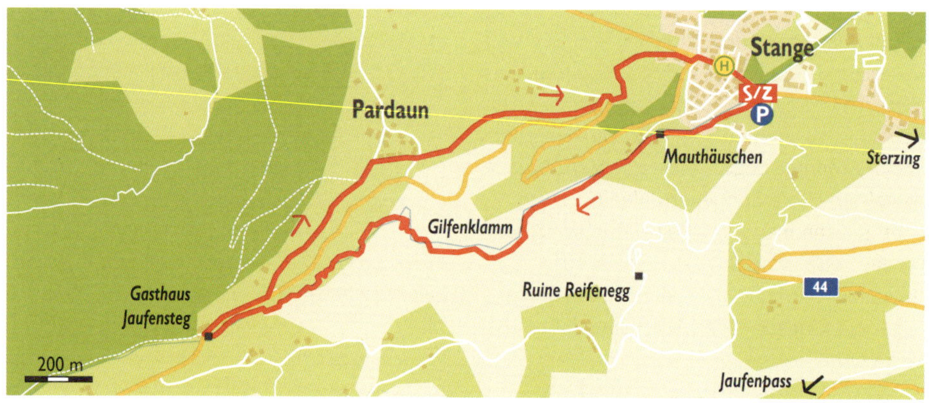

Seit über 120 Jahren durchqueren Wanderer die Schlucht, eine abenteuerliche Vorstellung.

wänden wachsen Moose und Farne, sodass die Schlucht überraschend dunkel ist. In mystischer Stimmung durchwandert man sie, wobei es sich immer wieder auszahlt, stehen zu bleiben und zurückzuschauen. An Herbsttagen, wenn ausnahmsweise wirklich wenig Besucher vor Ort sind, könnte man oben angekommen auch die Klamm für den Rückweg wählen, um sie von beiden Seiten gesehen zu haben. Ein großer Vorteil am Rückweg außerhalb sind hingegen der schöne Fernblick und die sonnige Lage. Gerade an Herbsttagen genießt man die Sonnenstrahlen noch mal so richtig, wenn man dem Weg Nummer 13 über Pardaun nach Stange folgt. Wer mag, kann die Tour alternativ auch auf der anderen Talseite mit einem Besuch der Burgruine Reifenegg verbinden. Die Burg diente einst als Schutz der Zollstätte am Weg über den Jaufen.

FAZIT: SCHÖNER ALS JEDER MARMORSAAL DER WELT!

Hin & weg: Mit dem Auto über die Eisacktal-Autobahn A22 bis zur Ausfahrt Sterzing, am Kreisverkehr weiter Richtung Jaufenpass, Ridnaun, Ratschings. Mehrere Parkplätze in Stange vorhanden. Alternativ mit der Bahn bis Sterzing und mit dem Bus 319 oder 312 in nur 8 Min. bis nach Stange.

Dauer & Strecke: 1,5–2 Std. Gehzeit, 200 hm, 5 km.

Beste Zeit: Beliebtes Hideaway an heißen Tagen, aber auch im Herbst wunderschön!

Ausrüstung: Feste Schuhe, Wasserflasche, Einkehrmöglichkeit am Ende der Schlucht im Gasthaus Jaufensteg (www.jaufensteg.com); Kleinkinder am besten in den Tragerucksack nehmen. Im oberen Teil sind die Gitterstege für Hundepfoten nicht geeignet.

→ ABSTECHER …

HERBST IM HERZEN

… bei Brixen

#18

Das untere Eisacktal ist durch den Obstanbau und seine Weinberge geprägt. Ein herbstlicher Spaziergang vereint das Beste aus beiden Welten und führt vom Apfelhochplateau Natz-Schabs über die ausgezeichnete Stiftskellerei Neustift bis ins historische Zentrum von Brixen.

#StadtLandFluss #ApfelSpotting #Weinverkostung #allesKäse

Die Apfelernte beginnt Ende August und dauert je nach Sorte und Witterung bis Mitte/Ende Oktober.

Jährlich 2000 Sonnenstunden und eine durchschnittliche Niederschlagsmenge von 800 Millimetern im Jahr sind die besten Voraussetzungen für den Obstanbau auf den Wiesen von Natz-Schabs. Dank dem ausgeklügelten Bewässerungssystem wachsen hier seit Jahrzehnten vor allem Äpfel der Sorten Golden Delicious, Jonagold und Stark Delicious. Auch ein Pinova-, Kanzi- oder Gala-Baum ist hin und wieder dabei. Über 900 000 Bäume stehen in dieser Gegend, und so führt so mancher Wanderweg an mindestens einer Apfelbaumallee vorbei.

Erst im November, wenn die Apfelernte vollständig abgeschlossen ist und auch das Fallobst bereits eingesammelt wurde, gilt die inoffizielle Regel, dass man die übrigen Äpfel direkt vom Baum verkosten kann. Davor gibt es die saftigen Äpfel natürlich auch an vielen Orten direkt beim Bauern zu kaufen, ebenso wie die weiteren Produkte, allen voran Apfelsaft. Die Tour beginnt in Natz und führt auf dem Weg 4 bergab über Raas bis zum Kloster Neustift

---

Hin & weg: Mit dem Auto über die Eisacktal-Autobahn A22 bis zur Ausfahrt Brixen Nord, am Kreisverkehr weiter Richtung Pustertal und kurz darauf nach Schabs/Natz abbiegen. Alternativ vom Bahnhof Brixen mit dem Bus 328 in einer halben Stunde bis Natz, Flötscher Weiher.

Dauer & Strecke: 2–3 Std. für 7 km, je nach Verkostungsstopps und Stadtbesichtigung auch länger. 350 hm bergab.

Beste Zeit: Nach der Apfelernte im November oder zur Apfelblüte Ende April.

Ausrüstung: Feste Schuhe, ggf. ein großer Rucksack für Mitbringsel.

Im Kloster finden auch Kurse statt. Man kann sich unter anderem zum Kräuterpädagogen ausbilden lassen.

(www.kloster-neustift.it). Das Augustiner Chorheerstift zählt zu den ältesten Klöstern in Tirol. Es wurde 1142 gegründet und ist einen Besuch wert. Wer nur wenig Zeit hat, wirft am besten einen Blick in den Innenhof, denn dort werden auf dem achteckigen Brunnen die Weltwunder dargestellt. Wenig überraschend: Das achte Weltwunder soll Neustift selbst sein. Danach kann man noch in der angeschlossenen Stiftskellerei ein »Achterl« der hauseigenen Weine probieren, die auf den Hängen ringsum wachsen. Die Auswahl ist groß, deshalb lohnt sich eine Beratung. Die Stiftskellerei produziert auch sortenreine Apfelsäfte wie Braebrun- oder Granny-Smith-Säfte.

Nun, da man im Tal angekommen ist, hat man mehrere Optionen, um entlang des Eisacks ins Zentrum zu gelangen. Feinschmecker sollten einen kleinen Besuch im Käsefachgeschäft Degust Affineur (www.degust.com) einplanen, wo diverse Käseplatten locken. Je nach Größe der Platte benötigt man ein bis zwei Stunden Zeit und ist gut beraten, vorab zu reservieren.

Die Tour findet in Brixen ihr Ende, wo die Restaurantauswahl groß ist und es ebenfalls einiges zu besichtigen gibt. Wer noch ein wenig shoppen möchte, muss bedenken, dass in Brixen zwischen 13 und 14.30 Uhr fast alles geschlossen hat. Zurück kann man natürlich auf dem gleichen Weg wandern, bequemer reist man aber mit dem Bus zum Ausgangsort.

FAZIT: APFEL UND WEIN, NATUR UND KULTUR – SO SCHÖN KANN EIN AUSFLUG SEIN!

15 MINUTEN RUHM

... im Pragser Tal

Vorstellen braucht man den Pragser Wildsee wohl kaum – unzählige Bilder im Internet haben den Bergsee am Fuße des Seekofels weltberühmt gemacht. Jahr für Jahr steigen die Besucherzahlen, wer ihn ein wenig für sich alleine haben möchte, muss also gut planen.

#Hotspot #Bootshaus #TerenceHill #offSeason #Instafamous

Einen solchen Besucheransturm kannte der Pragser Wildsee vor hundert Jahren zwar nicht, aber schon damals war er kein unbekannter Ort in Europa. 1899 wurde das Grandhotel (www.lagodibraies.com) am Ufer des Sees eröffnet. Geplant wurde es vom Wiener Architekten Otto Schmid, und über die Jahre beherbergte es viele Adelige und Prominente, die mehrere Wochen und Monate ihrer Sommerfrische hier verbrachten.

Gegen Ende des Zweiten Weltkriegs nahm die damalige Hotelbesitzerin Emma Heiss-Hellenstainer 139 befreite SS-Sonderhäftlinge auf und beherbergte sie; ein kleines Archiv im Hotel erzählt von früheren Zeiten.

Noch berühmter ist der Lago di Braies, wie der See auf Italienisch heißt, im Land aber dank der Fernsehserie »Unpassodalcielo«, deren Hauptdarsteller in den ersten Staffeln niemand Geringerer als Terence Hill war! Mittlerweile dient der See aber auch als Schauplatz vieler namhafter Fernsehwerbespots, Kulisse für Hochzeitsfotos und Motiv für Hobby- und Profifotografen.

Man kann es drehen und wenden, wie man will: Auch wenn der Pragser Wildsee kein Geheimtipp mehr ist, bleibt er faszinierend schön. Als Eskapade meidet man die Sommermonate und besucht ihn beispielsweise im Herbst. Selbst ein grauer, wolkenverhan-

Die Seeumrundung ist einfach, im Herbst machen sich feste Schuhe im Matsch dennoch bezahlt.

gener Tag kann dem Reiz des Sees kaum etwas anhaben. Jede Tages- und Jahreszeit hat ihren eigenen Charme, das spürt man hier ganz besonders stark. Die Nullachtfünfzehnfotos kennen ohnehin die meisten in und auswendig. Die Seeumrundung beginnt am linken Ufer. Nach einigen Schnappschüssen lässt man das wunderschöne alte Bootshaus hinter sich und wandert auf einem schmalen, aber gut befestigten Pfad rund um den See.

Dieser ist Teil des Naturparks Fanes-Sennes-Prags und somit ein geschütztes Naturdenkmal. Als waschechter Bergsee liegt er auf 1494 Metern über dem Meeresspiegel und ist durchschnittlich 17 Meter tief. Am tiefsten Punkt sind es 36 Meter. Entstanden ist er infolge eines Murenabgangs, der den Ablauf versperrte. Stets im Hintergrund zu sehen ist der 2810 Meter hohe Seekofel, ein schönes Gipfelziel für ambitionierte und trittsichere Bergsteiger. Als Belohnung wartet ein Sprung in das maximal 14 Grad warme Wasser des

---

Hin & weg: Mit dem Bus 439 ab Welsberg oder mit dem Bus 442 ab Toblach. Die Straße ins Pragser Tal ist für private Pkws im Sommer vor 10 und nach 15 Uhr nur so lange geöffnet, bis alle gebührenpflichtigen Parkplätze belegt sind. Zu Fuß oder mit dem Fahrrad kann man jederzeit ins Tal. Aktuelle Infos und Online-Tickets für den Shuttlebus auf www.prags.bz

Dauer & Strecke: Gehzeit für die Seeumrundung ab dem Hotel ca. 1–1,5 Std., 4 km.

Beste Zeit: Am besten frühmorgens oder abends – und in der Nebensaison.

Ausrüstung: Gute Schuhe, Einkehrmöglichkeiten im Imbiss beim Parkplatz oder im Restaurant des Hotels.

Sees. Hartgesottene springen nach der Umrundung kurz hinein.

Einer alten Sage nach schürften hier einst Wilde nach Edelsteinen und Gold. Die Hirten aus der Region wurden mit der Zeit immer neidischer und gieriger, sodass die Wilden sich wehren mussten. Sie fluteten mit unterirdischen Quellen den Platz und versenkten ihren Reichtum. Wer mit einem der alten Holzboote (www.la-palafitta.com) eine Runde am See dreht, sieht vielleicht noch den einen oder anderen Schatz in der Ferne funkeln.

FAZIT: OB AUF EINEM FOTO ODER IN ECHT: DAS NATURJUWEL STILLT DIE SEHNSUCHT NACH DEN BERGEN.

EXPEDITION WINTER-SONNE

... am Puflatsch

Auch im Winter zahlt es sich manchmal aus, die Wanderschuhe zu schnüren und durch den Schnee zu stapfen. Auf der Seiser Alm hat man zudem noch einen grandiosen Ausblick auf die Dolomiten. Vor allem dann, wenn man erst am Nachmittag loszieht und stets der untergehenden Sonne hinterherwandert.

#SchlernBlick #Winterwonderland #Abendrot

Die Eskapade beginnt in Compatsch, einem kleinen Ort, der größtenteils aus Hotels und einer modernen Kirche besteht. Er gilt als Tor ins hochalpine Naturschutzgebiet und UNESCO-Welterbe Seiser Alm. Viel zu sehen gibt es hier aber nicht. Am besten zieht man also gleich los, immer den schönen Holzwanderschildern nach in Richtung Puflatsch-Umrundung. Kurz vor der Dibaita-Puflatschhütte (www.dibaita-puflatschhuette.com) biegt man rechts ab zum ersten Ziel der Tour: die Bergstation der Puflatsch-Telemix-Seilbahn. Von dort ist es nicht mehr weit zur sogenannten Engelsrast, einem Aussichtspunkt, der nahezu einen 360-Grad-Blick über die Seiser Alm bietet.

Je nach Wetter sieht man sogar das Ortlergebiet, die Stubaier Alpen und die Ötztaler Alpen in Österreich sowie die Zillertaler Gletscher. Dann geht es weiter in Richtung Arnikahütte (www.arnikahuette.com). Schon nach wenigen Metern zeigt sich das Besondere dieser Winterwanderung: Der Weg schlängelt sich über die großen, sanften Schneehänge, während in der Ferne die Gipfel der hohen Berge leuchten. Hin und wieder überkommt einen das Gefühl, auf einer Polarexpedition zu sein. Vor allem wenn man die Runde nicht morgens, sondern erst am Nachmittag antritt. Das ist aber nur bei schönem Wetter zu empfehlen, denn das eigentliche Highlight ist die immer tiefer stehende Sonne, die langsam neben dem mächtigen Schlern hinter den Bergen verschwindet. Davor herrscht bei gutem Wetter bestes Fotolicht!

Die kleinen Hütten rund um die Arnikahütte liegen malerisch in der kleinen Senke. Nur wenige Meter weiter erspäht man bereits das Holzkreuz, von dem man eine schöne Sicht hinunter auf die kleinen Ortschaften vor dem Schlern genießt. Entlang dieser Kulisse stapft man nun weiter zur Puflatschhütte. Offizielle Wegzeit sind 30 Minuten, je nach Schneelage und Kondition kann das aber auch mal etwas länger dauern. Es lohnt

Die letzten Sonnenstrahlen auf der kleinen Bank genießen, dann ein Schnaps und ab zurück ins Tal!

sich, vor der Wanderung mit den Einheimischen zu sprechen oder im Tourismusbüro (www.seiseralm.it) die aktuelle Schneelage zu erfragen. Manchmal ist der Weg problemlos begehbar, an anderen Tagen sind Spikes für die Schuhe oder bei sehr viel Schnee sogar Schneeschuhe ratsam.

Da es auf diesem Wegstück zwischen Arnikahütte und Puflatschhütte rechter Hand immer wieder steil nach unten geht, sollte man hier vorsichtig sein. Wer noch vor Sonnenuntergang die Puflatschhütte erreicht, kann dort einkehren und auf der Terrasse mit einem heißen Tee in der Hand das Schauspiel beobachten. Sobald die Sonne weg ist, zahlt es sich aus, einen Blick auf die andere Seite zu werfen. Denn dann leuchtet die Seiser Alm in einem zauberhaften rosa Licht, sodass einem ganz warm ums Herz wird.

FAZIT: WINTERZAUBER IM ABENDROT.

Hin & weg: Von Bozen mit dem Bus 170 bis Gschlier und weiter mit 179 nach Compatsch (Achtung, letzter Bus retour gegen 17 Uhr!). Mit dem Auto über die Eisacktal-Autobahn A22 bis zur Ausfahrt Klausen Gröden, am Kreisverkehr weiter Richtung Seiser Alm. Mautstraße von Seis bis Compatsch. Gebührenpflichtiger Parkplatz.

Dauer & Strecke: Ca 3 Std. Gehzeit inkl. Fotostopps, 270 hm, 7 km. Eine Bergfahrt mit der Puflatsch-Telemix-Bahn verkürzt die Tour ggf.

Beste Zeit: Im Winter. Vorab aktuelle Schneelage klären!

Ausrüstung: Wasserfeste Wanderschuhe mit warmer Sohle, Skihose oder Gamaschen, Ski-, Fleece- oder Daunenjacke, Mütze, Schal, Handschuhe, Wasserflasche oder Thermoskanne mit Tee, Müsliriegel, Stöcke, eventuell Spikes für besseren Halt. Karte oder GPX-Track nicht vergessen!

---

2. KAPITEL AUSFLÜGE

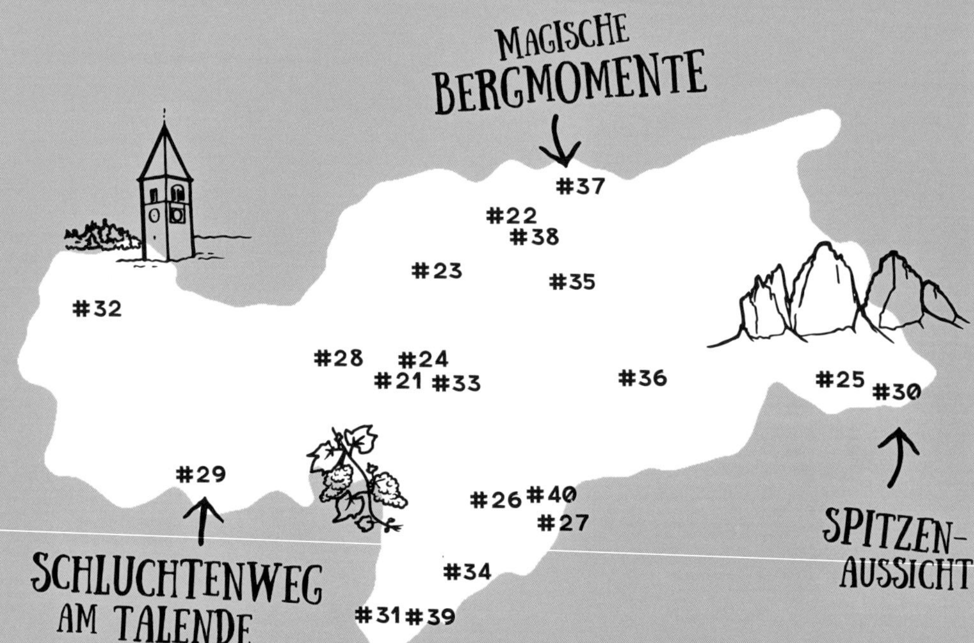

Raus für einen Tag

Die landschaftliche Vielfalt Südtirols zu Fuß und mit dem Rad erleben. Tiefe Schluchten, hohe Felstürme und abgelegene Täler warten auf Entdecker!

12H

50 SHADES OF GREEN

#21

Wer glaubt, botanische Gärten wären nur etwas für Rentner, war noch nie in den Grünanlagen von Schloss Trauttmansdorff. Diese warten mit einer Vielfalt an wunderschönen Pflanzenwelten auf, dass einem die Kinnlade nur so nach unten klappt. Von der Aussicht auf den Plattformen ganz zu schweigen …

#FlowerPower #Ausblick #Fotospot #SuperBloom

Kaiserin Sissi verhalf dem Kurort zu seinem Ruhm.

Gärten besuchen ist langweilig? Ganz im Gegenteil. Der beste Beweis dafür sind die Gärten von Schloss Trauttmansdorff. Sie sind so groß und thematisch vielfältig, dass garantiert für jeden etwas dabei ist – egal, ob zum Spielen, zum Ausruhen, zum Anfassen, zum Lernen oder einfach nur zum Staunen. In Merans besonderem Mikroklima gedeihen am sonnenverwöhnten Hang oberhalb der Stadt seit 2001 über 80 Gartenlandschaften aus aller Welt.

Der Eingang befindet sich beim Schloss, welches Graf Trauttmansdorff um 1850 aus mittelalterlichen Ruinen wiederaufbauen ließ. Im Schloss befindet sich ein kleines Museum, das sogenannte Touriseum, das sich unterhaltsam dem Tourismus in Südtirol widmet. Anschließend kann man in der Dauerausstellung auch noch einiges über die österreichische Kaiserin Elisabeth lernen, die in Meran und in den Gärten ihre Spuren hinterlassen hat. Die Monarchin war insgesamt vier Mal in der Kurstadt, wofür sie inkognito mit der Bahn anreiste. Ihr Hofstaat von über 100 Personen folgte ihr unauffällig. Ihre Begeisterung für den Luftkurort war der Startschuss für einen wahren Reiseboom, und so ist es kein Wunder, dass man in Meran des Öfteren über ihre Spuren stolpert. Auch ein einfacher Stadtwanderweg wurde nach ihr benannt: Der Sissi-Weg führt vom Zentrum durch Merans schönstes Villenviertel auf einfachen Wegen in die Gärten.

Dort angekommen, steht man vor der Qual der Wahl. Wohin soll es zuerst gehen? An heißen Tagen lassen sich im japanischen Garten die Füße im Wasser kühlen, ein Stück weiter kommt man am karibisch anmutenden Palmenstrand mit Bergblick zur Ruhe. In der Voliere begeistern Ara-Papageien und Gebirgslories und zur nächsten Aussichtsplattform

---

Hin & weg: Mit dem Auto von Bozen über die Schnellstraße MEBO (SS38) bis zur Ausfahrt Sinch/Sinigo, dann Richtung Stadtzentrum, beim zweiten Kreisverkehr Richtung Schenna. Gebührenpflichtige Parkplätze. Ab Bahnhof Meran mit dem Stadtbus 4 oder 1B.

Dauer: Mind. 3 Std., es darf aber auch der ganze Tag sein!

Beste Zeit: April bis November geöffnet; besonders schön im Frühling. Eintrittspreise und Ticketbuchungen auf www.trauttmansdorff.it. Im Sommer bis 23 Uhr geöffnet!

Ausrüstung: Im Sommer Sonnenschutz nicht vergessen; da es etwas bergauf geht, schadet eine Flasche Wasser nie. Auf keinen Fall die Kamera vergessen!

Etwas außerhalb des Rundweges liegt die Sukkulenten-Halbwüste mit Kakteen, Wolfsmilchgewächsen, Aloen und nordamerikanischen Agaven. Im Winter wird dieser Bereich überdacht und frostfrei gehalten.

sind es auch nur ein paar Schritte mehr. Die spektakulärste Aussichtsplattform ist der Thunsche Gucker, der zu 95 Prozent sichtdurchlässig ist und vom Südtiroler Designer Matteo Thun realisiert wurde. Der Blick in die gegenüberliegende Texelgruppe (vergleiche Eskapade #45) ist von hier einzigartig!

Wer sich nicht einfach nur treiben lassen möchte, kann seinen Besuch gut vorab planen. Auf der Website der Gärten findet man stets Informationen, wo gerade welche Pflanzen besonders schön blühen.

FAZIT: BUNTER WIRD ES NICHT MEHR! EINE BLUMENWELT FÜR ALLE SINNE UND GESCHMÄCKER.

ALLES KÄSE!

#22

Die Vallmingalm am Rosskopf ist ein gut verstecktes Almdorf. Hier verbringen Hunderte Kühe ihren Sommer und fressen Tag für Tag nur die besten Bergkräuter. Ihre schmackhafte Milch wird zu tollen Produkten verarbeitet, deren Verkostung nicht nur Käse-Sommeliers die Wanderschuhe schnüren lässt.

#Sennerei #Almzauber #KäseMedaillen #Almrosen

Graukäse ist ein deftiger Sauermilchkäse, der sehr fettarm ist. Er darf auf keiner Brettijause fehlen!

Nord-Süd-Reisende kennen sie nur allzu gut: die weißen, eiförmigen Gondeln, die von Sterzing über die Autobahn hinwegschweben. Doch wohin eigentlich? Sie bringen die Gäste direkt in das paradiesische Almland des Rosskopfs! Egal, ob mit Öffis oder als Autofahrer – es lohnt, in Sterzing eine Pause einzulegen und sich für ein paar Stunden in eine andere Welt transportieren zu lassen.

Am Rosskopf auf 1800 Metern über dem Meeresspiegel warten im Winter Pisten und die längste Rodelbahn Südtirols. Im Sommer locken bunte Blumenwiesen, schattenspendende Wälder und das Highlight schlechthin: die urige Vallmingalm (www.vallmingalm.it). Dank Seilbahn erspart man sich über tausend Höhenmeter und kann die einfache Wanderung zu den Almen voll und ganz genießen. Während unten im Tal der Alltag seinen Lauf nimmt, lässt sich der Kopf in der Höhe wunderbar abschalten und das Leben einfach entschleunigen.

Entkoppelt und trotzdem sehr anstrengend ist hingegen der Alltag der Senner hier oben. Ihr Tag beginnt vor dem Morgengrauen, denn dann werden die rund 200 Kühe gemolken und auf die Weide getrieben.

Anschließend wird die Milch zentrifugiert, wobei man den Rahm von der Magermilch trennt. Aus dem Rahm wird hochwertige Almbutter geschlagen und aus der Magermilch macht man den typischen Vallminger Graukäse. Ein Sauerkäse, der besonders fettarm ist und je nach Reifestadium unterschiedlich schmeckt. Als weißer, noch bröseliger Käse erinnert er an Ricotta, später wird er gelblich

---

Hin & weg: Mit der Bahn bis Sterzing. Vom Bahnhof sind es ca. 10 Min. zu Fuß zur Seilbahn (www.rosskopf.com). Mit dem Auto über die Eisacktal-Autobahn A22 bis zur Ausfahrt Sterzing. Parkmöglichkeiten direkt an der Talstation.

Dauer & Strecke: 2 Std. reine Gehzeit, 300 hm, 5 km.

Beste Zeit: Juni bis September

Ausrüstung: Komplette Wanderausrüstung, feste Schuhe, Wasserflasche und Bargeld für den Käse.

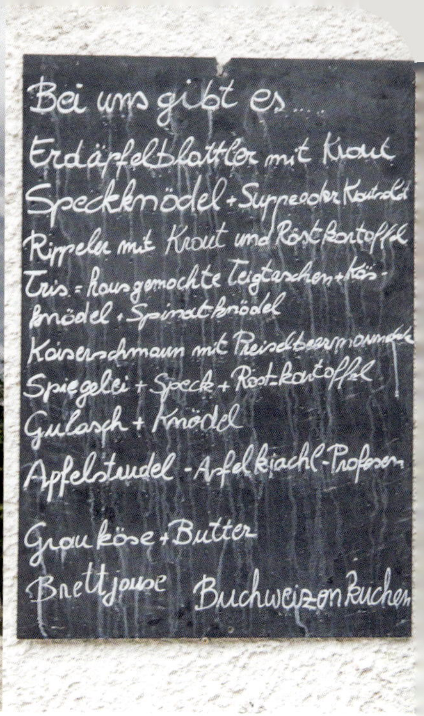

Der Dolomieu Weg führt in einer langen Tagestour von der Bergstation über sechs Almen ins hintere Pflerschtal. Wer hingegen nur den ersten Abschnitt geht, hat dafür mehr Zeit zum Essen und Aussichtgenießen.

und flüssig. Die Reste der Milchverarbeitung, die Molke, werden an die Schweine verfüttert, aus denen wiederum Kaminwurzen und Speck werden. Auf der Vallmingalm gibt es drei bewirtschaftete Almen, die für Gäste ihre Türen öffnen: die Jörgerkaser, die Walterkaser und die Baron Kaser.

Besonders schön ist die Wanderung zu ihnen im Frühsommer, wenn die Hänge mit blühenden Almrosen übersäht sind. Aber auch später im Jahr ist der Weg, der sich zwischen Blumenwiesen, Almweiden, Latschenkiefern und urigen Lärchen hindurchschlängelt, wunderschön. Wichtig ist nur eins – ausreichend Hunger mitzubringen!

FAZIT: URIGE ALMWANDERUNG FÜR KÄSELIEBHABER.

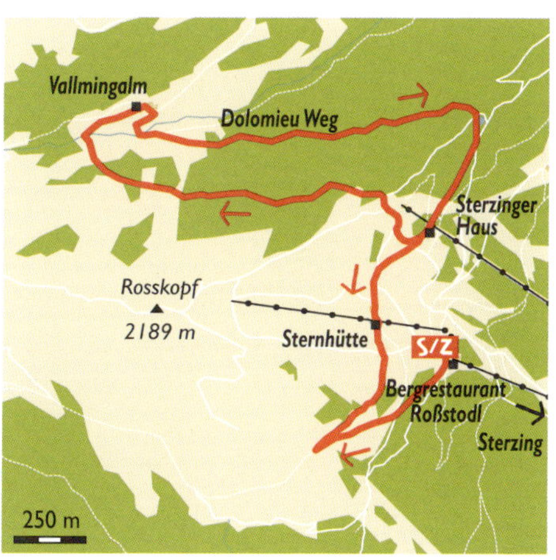

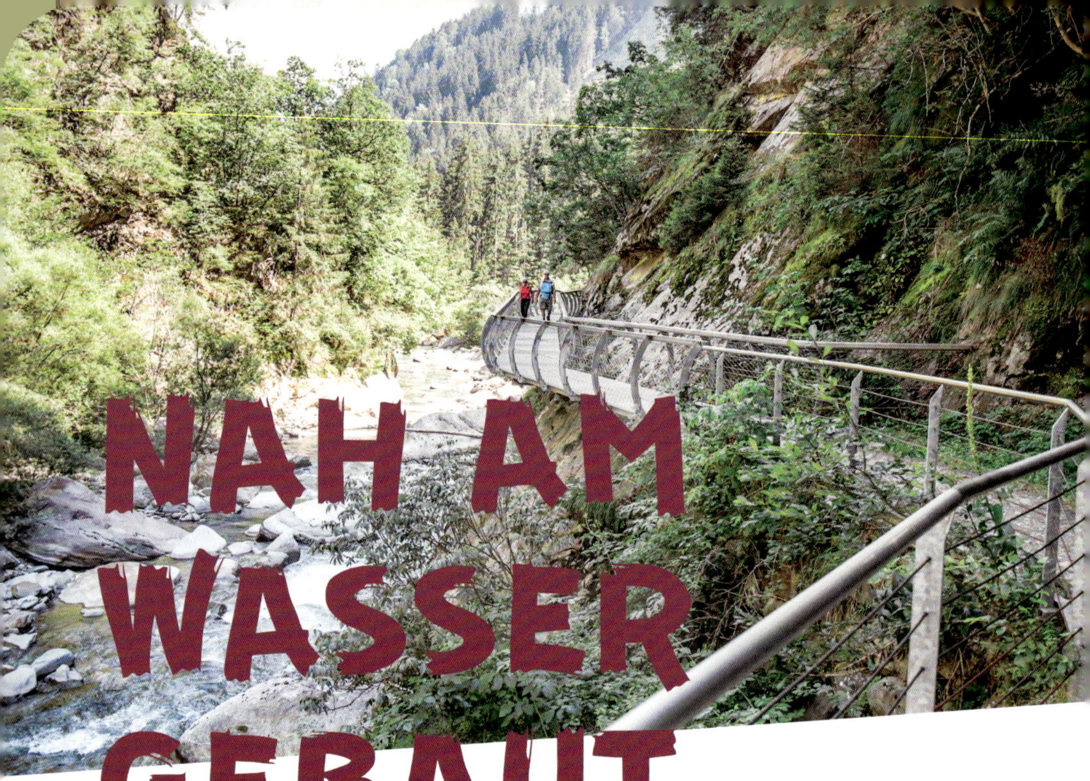

NAH AM WASSER GEBAUT

... im Passeiertal

#23

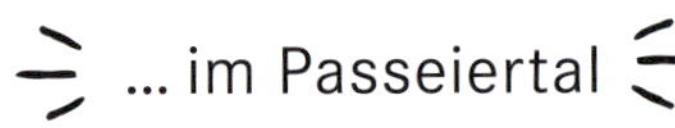

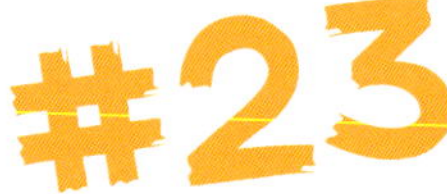

Auf gut befestigten Steigen und modernen Stegen geht man in der Passerschlucht immer wieder auf Tuchfühlung mit dem Element Wasser. Im Sommer blitzt der Fluss türkisblau und malerisch zwischen den Steinbrocken hervor. Am Ufer und im schattenspendenden Wald findet man Abkühlung.

#Flusswanderung #Brücken #HitzeHideaway #PantaRhei

Die Tour kann entweder von St. Leonhard nach Moos gegangen werden oder andersrum. Letzteres empfiehlt sich vor allem, wenn man zum Team der Bergabwanderer gehört. Wer lieber knieschonend unterwegs ist, dem sei allerdings die Tour bergauf empfohlen! Dafür startet man am Sportplatz in St. Leonhard und folgt der Fahrstraße ein kleines Stück flussaufwärts. Immer wieder weisen Schilder auf die Regeln für Angler hin, und mit etwas Glück kann man sogar einen dabei beobachten, wie er gerade einen Fisch aus dem Wasser zieht.

Nach dem ersten Stück wird das Tal etwas enger, man wechselt auf die linke Flussseite und folgt dem gut ausgebauten Weg stets leicht bergauf. Bänke zum Rasten und Jausnen gibt

es viele. Sogar ein Selbstbedienungs-Hofladen, der Psairer Genussomat, wurde am Weg aufgestellt. Dieser ist gut gefüllt mit Schüttelbrot, Kaminwurzen, Käse und Getränken. Kurz danach kommt man an einem Abenteuerpark vorbei, wo der Berg- und Canyoningführer Erwin Mairginter (www.bergfuehrer-mairginter.it) einen privaten Hochseilgarten errichtet hat. Beim sogenannten »Tarzaning« schwingt man von Baum zu Baum, klettert im Wald auf Gerüsten und rutscht mit dem Flying Fox über die Schlucht. Wer lieber mit-

Tarzaning ist ein kombinierter Parcours aus einem Klettersteig, einem Hochseilklettergarten und mehreren Seilrutschen. Eins steht fest: Den garantiert besten Blick in die Schlucht hat man stets von oben.

tendrin schwimmt, als obendrüber schwebt, kann bei Erwin auch Canyoningtouren in der Passerschlucht buchen. Nach dem Motto »Ich bin die Wucht in der Passerschlucht« springt man öfters über seinen eigenen Schatten, rutscht über Felsen, hüpft in blitzblaue Gumpen und erlebt den Fluss aus einer komplett neuen Perspektive. Als Wanderer bekommt man davon aber kaum was mit und folgt weiter dem gut markierten Weg, der nun etwas steiler wird. Circa in der Mitte der Wanderung befindet sich das Polt-Werk, ein stillgelegtes Wasserkraftwerk, das heute zwei fabelhaft moderne Toiletten beherbergt.

Etwas Energie sollte man sich noch für den letzten Teil aufsparen. Nach den letzten Brücken ist das Dorf Moos bereits in Sicht und es geht an der Straße erneut einige Höhenmeter nach oben zur Kirche, in deren Nähe auch die Busstation, einige Restaurants, ein Brunnen mit Trinkwasser und ein kleiner Supermarkt liegen.

Wer aus der Wanderung einen Ganztagesausflug machen möchte, kann die Eskapade mit zwei Museumsbesuchen verknüpfen. In St. Leonhard dreht sich im Museum Passeier (www.museum.passeier.it) alles um den Tiroler Volkshelden Andreas Hofer, während man im Bunker Mooseum (www.museum.hinterpasseier.it) in Moos im Bunker-Rohbau aus den 1930er Jahren unter die Erdoberfläche abtaucht. Inhaltlich reicht das Spektrum vom Naturpark Texelgruppe (Eskapade #45) über Archäologie bis hin zum Steinbockgehege und zu der Voliere im Außenbereich des Museums.

FAZIT: TOLLER EINBLICK IN DIE PASSERSCHLUCHT FÜR DIE GESAMTE FAMILIE. WAHLWEISE AUCH MIT ADRENALINKICK BEIM TARZANING ÜBER DIE SCHLUCHT!

Hin & weg: Mit Bus oder Bahn bis Meran, weiter mit dem Bus 240 nach St. Leonhard. Rückfahrt: Bus 241 von Moos nach St. Leonhard. Mit dem Auto parkt man am besten beim Sportplatz in St. Leonhard, nahe dem Campingplatz Zögghof (nächste Bushaltestelle für den Bus nach oder von Moos ist der Passeirerhof).

Dauer & Strecke: 2,5–3 Std. reine Gehzeit, 430 hm, 7 km.

Beste Zeit: Sehr beliebter Weg für Familien; von Anfang Dezember bis Ende Februar gesperrt.

Ausrüstung: Feste Schuhe, Wasser, Sonnenschutz im Sommer, Einkehrmöglichkeit am Weg in der Hofschenke Hinterbrugg (+10 Min.).

TOP
2.480 M
GROSSER IFINGER
PICCO IVIGNA
KLEINER IFINGER
PICCOLO IVIGNA
ABSTIEG
DISCESA - DESCENT

ZÄHE HUNDE UND STEILE WÄNDE

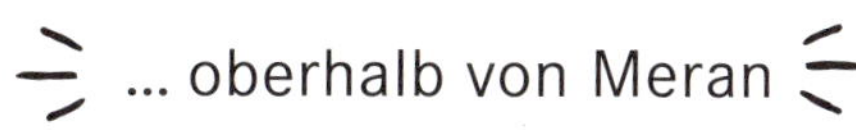

… oberhalb von Meran

#24

In sonniger Südlage bietet hoch über Schenna seit 2016 der Heini-Holzer-Klettersteig ein aussichtsreiches Klettervergnügen – für das man allerdings ausreichend Kondition mitbringen sollte. Zwischen festem Granit und erdigen Pfaden geht es Schritt für Schritt nach oben auf den Gipfel.

#Klettersteig #Steilwandskifahren #Alpingeschichte #Aussichtsberg

Zug um Zug gewinnt man am Klettersteig an Höhe – und Aussicht auf Meran und die umliegenden Berge.

Klein, aber oho! Heinrich Holzer, der Südtiroler Namensgeber des Klettersteigs, wurde mit nur rund 150 Zentimeter Körpergröße für den Militärdienst als untauglich erklärt. Das hielt ihn allerdings nicht davon ab, sich als einer der Pioniere des alpinen Bergsports einen Namen zu machen. Unter der Woche fegte er Schornsteine und in seiner Freizeit die steilsten aller Schneeflanken hinunter, was ihm den Spitznamen Feger einbrachte. Am Klettersteig kann man sogar einen Blick in die 1971 von ihm befahrene Südwestrinne werfen – Gänsehaut garantiert. Heini Holzer kannte den Ifinger, seinen Hausberg, wie kein anderer. Zu jeder Jahreszeit beobachtete er ihn und wog das Risiko ab, bis er drei Jahre nach Beginn der Überlegungen die Abfahrt wagte. Mit Erfolg! Insgesamt hat Holzer in seiner siebenjährigen Kariere 104 Steilwandfahrten mit Steigungen bis zu 55 Prozent gemeistert, bis er mit erst 33 Jahren am Piz Roseg an einer Steilwand abstürzte.

Heini Holzer war auch begeisterter Kletterer, wobei er aufgrund seines leichten Gewichts Kletterpartnerinnen bevorzugte, sehr zum Missfallen seiner Ehefrau. Glücklicherweise ist heute am Klettersteig das Gewicht der Begleitung komplett egal, Hauptsache man verbringt einen schönen Tag miteinander, auch wenn der Steig durchaus einige Herausforderungen bietet, die es gemeinsam zu meistern gilt. Allem voran sollte man die Länge nicht unterschätzen. Nach einem kurzen Zustieg geht es an der hölzernen Plattform ab in die erste Wand. Über 500 Höhenmeter hinweg wechseln sich felsige Kletterpassagen mit einfachen Wegen ab. Die markanten Punkte tragen klingende Namen wie Steilaufschwung, Goasberg oder Engelskante. Der Schwierigkeitsgrad wird unterschiedlich angegeben, man sollte aber auf jeden Fall für mehrere mit C kategorisierte Stellen gewappnet sein und ausreichend zum Trinken dabeihaben.

Hin & weg: Mit dem Bus 1 vom Bahnhof Meran zur Seilbahn Meran 2000 (www.meran2000.com) und weiter bis zur Bergstation. An der Talstation gibt es ausreichend Parkplätze.

Dauer & Strecke: 6–7 Std., 45 Min Zustieg, ca. 3 Std. Klettersteig (550 hm). 7,5 km insgesamt.

Beste Zeit: Juni bis September bei trocknen Verhältnissen (Achtung bei Regen am Vortag!).

Ausrüstung: Die komplette Klettersteigausrüstung inklusive Helm ist hier Pflicht! Topo des Klettersteigs, ausreichend Wasser, kleine Jause und eventuell Bargeld für eine Stärkung am Rückweg.

Schneefelder können im Frühsommer eine willkommene Abkühlung sein nach dem Aufstieg. Bei der nordseitigen Querung zum Gipfel des Großen Ifingers ist dann allerdings höchste Vorsicht geboten.

Auch ein früher Start in den Tag kann nicht schaden, um sein Vorhaben ohne Eile zu meistern. Nach rund drei Stunden ist man am Ziel. Zum Gipfel des Kleinen Ifingers auf 2581 Metern sind es nun nurmehr fünf Minuten über felsiges Terrain. Zum Großen Ifinger sind es ab hier noch weitere 30 Minuten auf einem seilversicherten Pfad. Achtung, im Frühsommer liegt hier oft noch Schnee, dann sollte man sich besser mit dem kleinen Gipfel begnügen. Der Abstieg führt über die Kuhleitenhütte (www.kuhleiten.it) und die Waidmannalm (www.meran-2000.com) zurück zur Bergstation der Seilbahn Meran 2000. Wer keine Einkehr plant, kann den Weg rechts von den Hütten über einen kleinen Pfad abkürzen.

FAZIT: HIER TURNT MAN ENTLANG SÜDTIROLER ALPINGESCHICHTE ZUM GIPFEL.

LOGIEREN AM LOGEN-PLATZ

#25

Das Hochplateau im Naturpark Fanes-Sennes-Prags auf circa 2000 Metern ist ein Outdoor-Spielplatz sondergleichen. Während Wanderer über die Wiesen spazieren, schauen die mächtigen Bergmassive wie die Hohe Gais, die Drei Zinnen, die Tofane und der Monte Cristallo wie felsige Riesen auf die Naturschönheit hinab.

#Familienwanderung #Aussichtsgipfel #Blumenwiesen #Dolomitenblick

Einfach mal hinlegen und die Aussicht genießen, das wär doch was! Auf der leichten Wanderung von der Plätzwiese zum Strudelkopf bieten sich unzählige Gelegenheiten, innezuhalten und den Blick in die Ferne schweifen zu lassen. Fotografen werden dabei aber vermutlich trotzdem nicht zur Ruhe kommen, denn die Almlandschaft vor der mächtigen Bergkulisse ist in jeder Jahreszeit unverschämt fotogen.

Los geht es an den Parkplätzen, bis zu denen auch der Shuttlebus aus dem Tal fährt. Über einen breiten Kiesweg wandert man zur Plätzwiesenhütte und noch ein kleines Stück weiter auf der Straße. Wer einen Einkehrschwung erst auf dem Rückweg plant, steigt jetzt nach links Richtung Dürrenstein auf und erledigt die ersten Höhenmeter gleich am Anfang. Dann geht es aber anstatt Richtung Dürrenstein immer weiter zum 2307 Meter hohen Strudelkopf. Neben dem Heimkehrerkreuz befindet sich dort auch eine Plattform, auf der alle Gipfel der Umgebung eingezeichnet sind. Gipfelzählern wird bei dem Anblick das Herz aufgehen! Danach führt der Anstiegsweg wieder ein Stück zurück. Am alten Militärweg

---

Hin & weg: Mit dem Bus 442 von Welsberg direkt zur Plätzwiese. Die Straße ins Pragser Tal ist für private Pkws im Sommer vor 10 und nach 15 Uhr nur so lange geöffnet, bis alle gebührenpflichtigen Parkplätze belegt sind. Auf die Plätzwiese führt ab Brückele eine Mautstraße. Aktuelle Infos auf www.prags.bz

Dauer & Strecke: 3–4 Std. Gehzeit, 360 hm, 9 km.

Beste Zeit: Juni bis Oktober. Mittagszeit und Wochenenden meiden!

Ausrüstung: Feste Schuhe, Wasserflasche, Kamera, Bargeld für die Hütte und eventuell eine bequeme Decke, um den Ausblick genießen zu können.

Kühe, bunte Almwiesen, spektakuläre Berge und ein Gipfelkreuz, das für alle mit zwei gesunden Beinen erreichbar ist. Die Wanderung zum Heimkehrerkreuz am Strudelkopf ist nicht ohne Grund beliebt.

erstreckt sich auf dem Bergrücken noch eine verfallene Festungsanlage, die im Ersten Weltkrieg schwer beschädigt wurde und deren Mauern zum Kraxeln einladen. Anstatt auf dem gleichen Weg zurückzuwandern, biegt man links Richtung Dürrensteinhütte (www.vallandro.it) ab.

Die Hütte selbst steht am Südrand des Hochplateaus und bietet ebenfalls einen nicht üblichen Ausblick. Wer aus dem Tagesausflug einen Miniurlaub machen möchte, kann sich in einem der Zimmer oder Matratzenlager einquartieren. So meidet man übrigens auch am besten die Besucherströme, die sich an schönen Tagen ihren Weg zum Strudelkopf bahnen.

Tipp: Die Plätzwiese ist auch im Winter ein schönes Ausflugsziel für Winterwanderungen oder eine kleine Tour mit Schneeschuhen.

FAZIT: LEICHTE WANDERUNG MIT DREI-ZINNEN-BLICK UND TRAUMHAFTEM DOLOMITEN-PANORAMA!

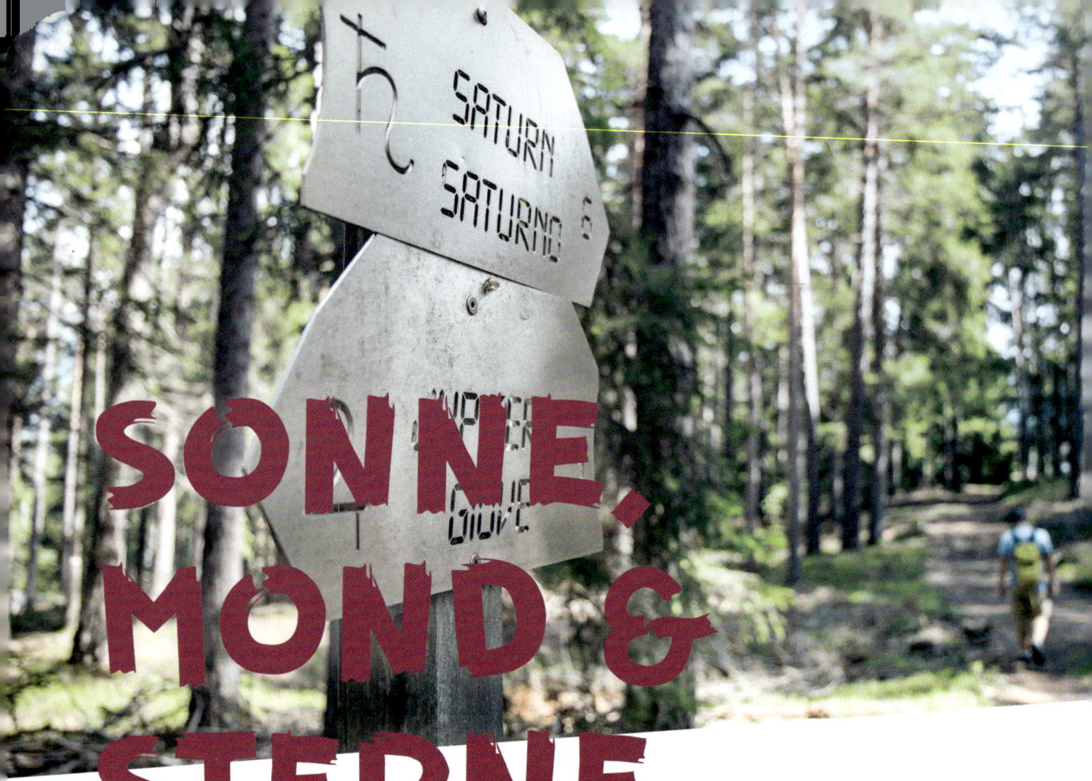

SONNE, MOND & STERNE

… bei Steinegg

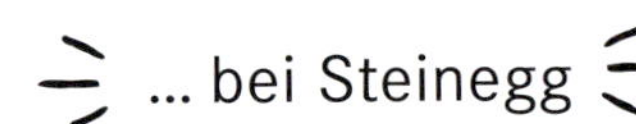

#26

Von der Venus zum Mars in nur 120 Schritten: Am Planetenweg im Eggental reist man mit einer Schrittgeschwindigkeit von einer Million Kilometer durch unser Sonnensystem und lernt dabei jede Menge Neues. Besonders schön ist die Wanderung mit einem anschließenden Besuch der Sternwarte.

#EinSterndereinenNamenträgt #DarkSideoftheMoon #Spaceman #Themenweg

Zu Besuch in Europas erstem Sternendorf. Einen Titel, den in Wahrheit zwei Dörfer tragen – Steinegg und Gummer. Da der Name geschützt ist, werden die beiden wohl das erste und einzige Sternendorf Europas bleiben, und spätestens jetzt sollte klar sein: Der Himmel wird hier sehr ernst genommen. An vielen Orten rückt er sogar ein Stück näher heran.

Man befindet sich hier zwar nicht im dunkelsten Eck Südtirols, die Ausgangslage zum Sternebeobachten ist trotzdem eine ausgesprochen gute. Das liegt vor allem am kleinen, aber feinen Planetarium und an der Sternwarte Max Valier (www.sternwarte.it), welche sich direkt am Ausgangspunkt des Planetenwanderweges befindet.

Direkt daneben gibt es auch ein Sonnenobservatorium. Apropos Sonne: Wenn wir ihre Wärme spüren, handelt es sich um die Energie, die vor 10 000 – 170 000 Jahren im Zentrum der Sonne frei wurde und sich ihren Weg an die Oberfläche gebahnt hat. Acht Minuten, nachdem sie die Sonne verlassen hat, kommt sie bei uns auf der Erde an und wärmt uns. Mit Hintergrundinfos wie dieser wird der Blick durchs Teleskop gleich noch mal faszinierender. Hier lassen sich übrigens auch gut Sonnenflecken und Gasausbrüche beobachten.

Die Eskapade selbst ist von den Öffnungszeiten unabhängig machbar. Sie beginnt direkt an der großen Sonnenskulptur, von wo aus die Wanderung zu allen acht Planeten und dem Zwergplaneten Pluto startet. Jeder Planet ist mit einer Infotafel versehen, und die kostenlose Audio-App izi.TRAVEL App bietet weitere spannende Fakten. Am besten lädt man sie bereits zu Hause aufs Handy. Obwohl man in riesigen Schritten von Pla-

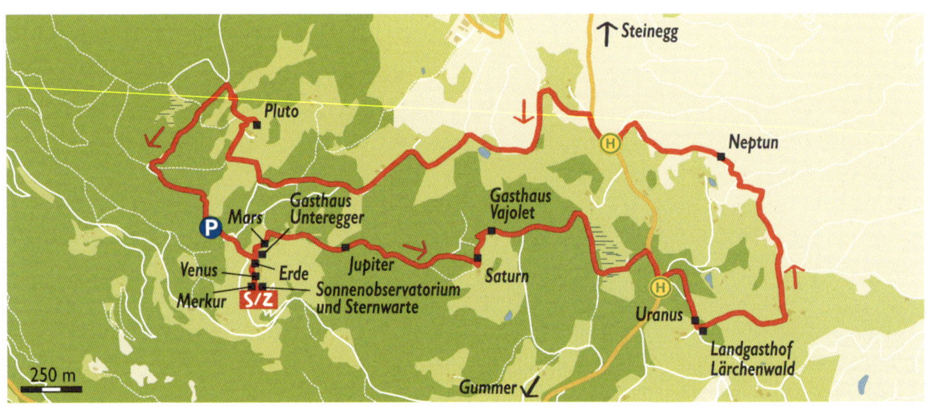

Die schier endlosen Distanzen zu den Planeten schrumpfen bei einem Blick durchs Teleskop schnell.

net zu Planet springt, dauert die gesamte Rundwanderung doch zwei bis drei Stunden. Da bleibt für den einen oder anderen Stopp Zeit: etwa um den wunderbaren Ausblick auf den Rosengarten-Gebirgszug in der Nähe des Saturns zu bestaunen. Oder um die aufmüpfigen Ponys und lauten Esel vor dem Gasthaus Unteregger (www.untereggerhof.it) zu streicheln.

Auch die Kuhdamen und die schicken Hühner des Hofes geben gute Fotomotive ab und sind bei Kindern beliebt. Nach der Wanderung kann man außerdem wunderbar Planetenknödel und Kuchen genießen. Der Hof vermietet auch einfache Wohnmobilstellplätze auf einem kleinen Plateau am Waldrand – ideal für Nachthimmelschwärmer, die klassische Campingplätze lieber meiden.

FAZIT: EIN GALAKTISCHER SPAZIERGANG DURCH WÄLDER UND WIESEN.

Hin & weg: Mit dem Bus 182 vom Busbahnhof Bozen bis Obergummer oder Dörer Wiese (direkter Einstieg in den Planetenweg). Mit dem Auto aus dem Süden A22, Ausfahrt Klausen, und weiter bis zur Abzweigung nach Steinegg. 16 enge Kehren bis Steinegg und weiter Richtung Gummer. Alternativ auch vom Eggental (A22, Ausfahrt Bozen Nord) erreichbar.

Dauer & Strecke: 2–3 Std. reine Gehzeit, 9 km, 320 hm.

Beste Zeit: Ganzjährig, Sternwarten-Führungen Do + Fr nach Voranmeldung.

Ausrüstung: App mit Audio-Guide auf einem Handy mit vollem Akku. Für einen nächtlichen Besuch der Sternwarte: warme Kleidung, eventuell ein Fernglas, Sternenkarte.

KÖNIG LAURINS ROSEN-GARTEN

… im Eggental

Die Rundwanderung in König Laurins versteinertem Rosengarten führt über schmale Pfade, Leitern und einen Pass zu einer urigen Hütte mit atemberaubendem Bergblick. Zurück geht es über einen der schönsten Panoramawege der Region, den malerischen Hirzelsteig, zur Seilbahn ins Tal.

#KletterSpots #Rotwand #Bergtour #mittendrinstattnurdabei

Hat man den Aufstieg zum Vajolonpass geschafft, ist die verdiente Hütteneinkehr bereits in Sichtweite.

Die Eskapade beginnt an der Bergstation des Paolinalifts (www.carezza.it) auf einem schmalen Pfad, der sich langsam nach oben schlängelt. Dabei quert man geologisch interessante Schichten im Dolomitenaufbau wie den Grödner Sandstein, das Richthofen-Konglomerat und die Werfener Schicht. Geologen wird am Steig, der nun am Fuße der Rotwand zum Einstieg in die Scharte zum Vajolonpass führt, das Herz aufgehen! Alle anderen genießen einfach die bunten Steinschichten und die phänomenale Aussicht.

Wer kurz innehält, erblickt das mächtige Latemargebirge. Neben einigen Speicherseen sieht man von hier aus auch den Karer See (vergleiche Eskapade #2) und die Sturmschäden aus dem Jahr 2018. Das Tierser Tal (Eskapade #40) ist ebenfalls gut zu erkennen.

Auf der Querung gibt es eine mit Seil versicherte Stelle, bei der man guten Halt für die Füße findet. Der Weg die Scharte hinauf umfasst einige Holzstufen und eine kleine Leiter, die für jeden, der auch zu Hause mal auf eine

Leiter steigt, kein Problem sein sollte. Nach ein paar weiteren Kurven hat man es dann geschafft und steht ganz oben am Pass zwischen den mächtigen Felswänden.

Während sich die Klettersteiggeher der Rotwand hier anseilen, führt der Wanderweg nun zur bereits sichtbaren Rotwandhütte am Ciampaz-Sattel. Dafür müssen vor allem Höhenmeter abgebaut werden. Treibende Kraft sind die Knödel, Polentagerichte und der selbstgemachte Schnaps, der in der urigen Pederiva-Hütte (www.baitapederiva.com, für Gruppen am besten telefonisch reservieren!) auf Wanderer warten. Wer dort keinen Platz findet, kehrt einfach nebenan in der etwas größeren Rotwandhütte (www.rodadivael.it/de) ein. Für Familien mit weniger bergsicheren Wanderern bieten sich die Hütten als idealer Treffpunkt an, denn der Weg zurück zum Paolinalift ist ein gemächlicher Pfad namens Hirzelsteig.

Am Weg erinnert ein übergroßes Adler-Denkmal an den Wiener Theodor Christomannos, einen Pionier des Tourismus in Südtirol Ende

---

Hin & weg: Mit dem Bus 180 direkt vom Busbahnhof Bozen über Welschnofen bis zum Paolinalift. Mit dem Auto von Bozen Nord ins Eggental und bis zum Parkplatz des Skilifts.

Dauer & Strecke: 3–4 Std. reine Gehzeit, 580 hm, 7 km.

Beste Zeit: Mitte Juni bis Mitte Oktober, nur bei schönem Wetter (Liftfahrzeiten beachten).

Ausrüstung: Komplette Wanderausrüstung für alpine Bergtouren, gute Schuhe, eventuell Trekkingstöcke, Bargeld für die Hütte.

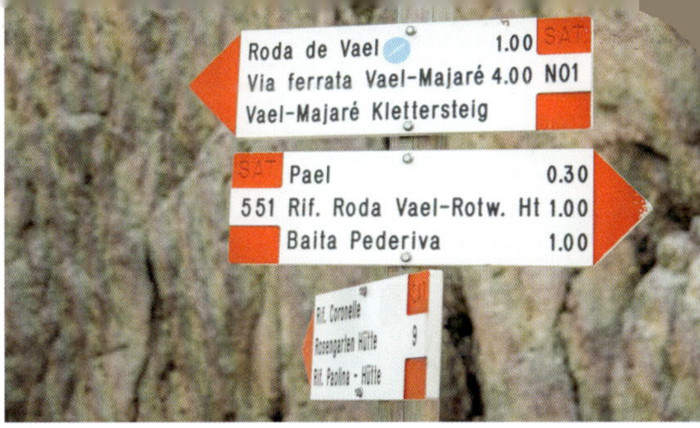

Trittsicherheit und Ausdauer lassen sich mit Kaffee und Buchweizentorte bestens belohnen.

des 19. Jahrhunderts. Dieser trieb unter anderem den Ausbau der Großen Dolomitenstraße zwischen Bozen, Cortina und Toblach, der Vinschgauerbahn und der Grandhotels am Karer See sowie in Sulden voran.

Tipp: Wer den Lift nicht nutzen möchte, kann die Wanderung am Karer Pass starten und so das erste Stück (Gehzeit ca. 1,5–2 Std., 530 hm, 4 km) zu Fuß zurücklegen. Die Rundwanderung beginnt dann bei der Rotwandhütte und endet nach der Umrundung mit dem Abstieg zurück ins Tal.

FAZIT: EINE SPEKTAKULÄRE WANDERUNG DURCH DEN FELSIGEN ROSENGARTEN MIT ABSCHLIEßENDER BELOHNUNG.

TAUSEND SCHRITTE & MEHR

#28

Wandern auf der Sonnenseite des Lebens: Am Südhang der Texelgruppe verläuft der Meraner Höhenweg und führt auf einem besonders schönen Abschnitt durch eine Schlucht mit Hängebrücke. Steile Bergwiesen, abgelegene Bauernhöfe und Südtiroler Schmankerl warten auf Ausflügler.

#MeranerHöhenweg #WandernamSonnenhang #Knödelwithaview

Die Tour beginnt an der Bergstation der Texelbahn (www.texelbahn.com), welche von Partschins auf 1535 Meter über dem Meeresspiegel fährt. Ab hier folgt man einem Teil des Meraner Höhenweges der mit der Wegnummer 24 in Richtung Westen bis zur Seilbahn Unterstell (www.unterstell.it) führt. Dazwischen geht es zweimal in eine Schlucht hinab, wobei das Lahnbach-Tal der tiefere Einschnitt ist. Ob es wirklich 1000 Stufen sind? Eine Interpretationsfrage, denn die sorgfältig gesetzten Felsplatten geben oft mehrere Optionen. Der Marketing-Gag der Schlucht setzt aber darauf, dass es weniger als 1000 sind – also keine Sorge! Es handelt sich nämlich nur um 989. Stufen auf oder ab, der Weg ist wunderschön und das nicht nur wegen der kurzen Schlucht. Anfangs verläuft er im Wald, später geht es auch über Wiesen und an Bergbauernhöfen vorbei, deren Bewirtschaftung man sich nur schwer vorstellen kann. Im Sommer müssen die Steilhänge auch gemäht werden, um ausreichend Futter für die Tiere im Winter zu haben. Das geht an vielen Stellen zwar mittlerweile auch mit einem Balkenmäher, trotzdem kann man vor dieser Art der Heuernte nur den Hut ziehen! Vielen wird

---

Hin & weg: Mit dem Bus 266 von Naturns nach Partschins zur Texelbahn. Auch mit dem Auto parkt man am besten am großen Parkplatz in der Nähe der Unterstellbahn und nimmt zuerst den Bus.

Dauer & Strecke: 4–4,5 Std. Gehzeit, 450 hm bergauf, 700 hm bergab, 9 km.

Beste Zeit: Frühling bis Herbst

Ausrüstung: Feste Schuhe, Wasserflasche, mehrere Einkehrmöglichkeit am Weg.

Vom Meraner Höhenweg aus hat man eine gute Sicht auf die Apfelbauplantagen des Vinschgaus.

bereits leicht schummrig, wenn man von oben auf die steilen Hänge hinabschaut. Aber die Bauern sind ihre steilen Hänge gewöhnt; man weiß sich mit Materialseilbahnen und anderen Tricks zu helfen. In einigen Höfen kann man auch einkehren. Nach der Spezialität des Hauses - oder des Tages - erkundigt man sich am besten bei der Bäuerin selbst.

Ganz am Ende des Weges an der Bergstation der Unterstellbahn gibt es auf der 16 Meter langen hervorragenden Aussichtsplattform noch mal einen schönen Blick ins Tal. Und auf den direkt darunter liegenden Klettersteig am Knott, der sich mit vielen verschiedenen Routen als idealer Einstiegsklettersteig für die ganze Familie eignet. Allerdings gibt es oben keinen Verleih, also muss man die gesamte Ausrüstung bereits im Rucksack haben.

FAZIT: WANDERUNG AUF DEM SONNENHANG MIT HÄNGEBRÜCKEN-SCHLUCHT.

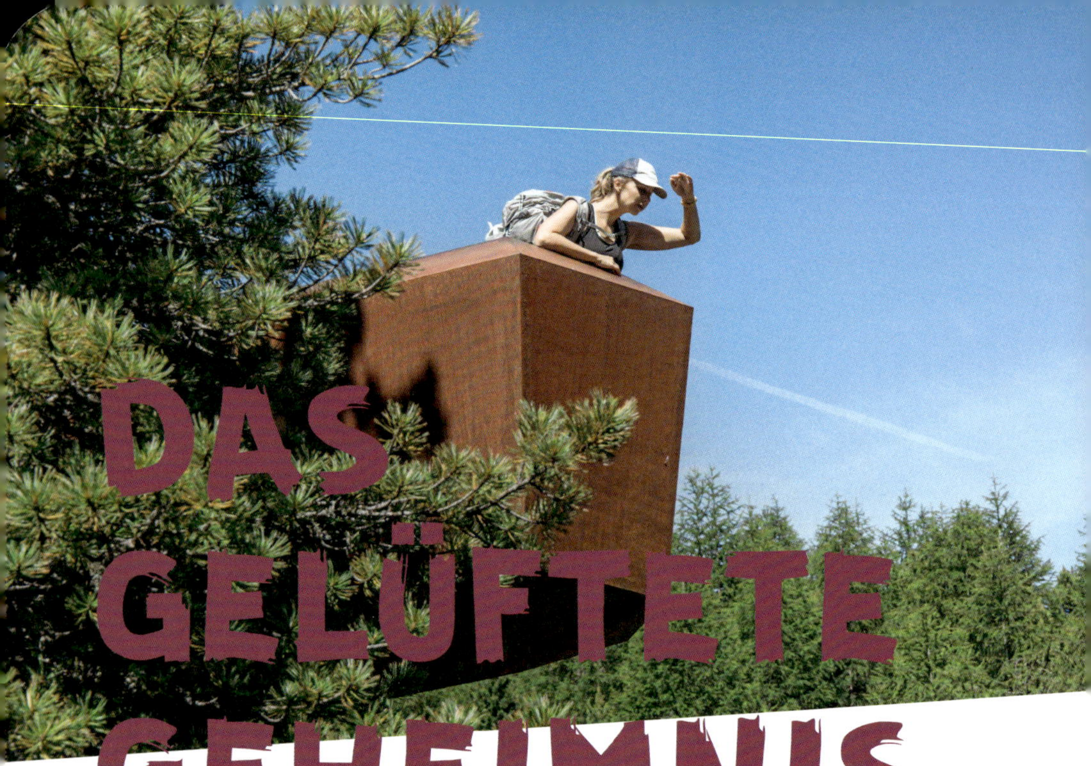

DAS GELÜFTETE GEHEIMNIS

... im Martelltal

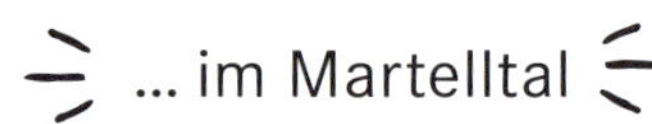

#29

Bis vor einigen Jahren war die Plimaschlucht ein gut gehütetes Geheimnis der Natur, in das man als Wanderer am Fuße des Cevedales kaum Einblick hatte. Dank den vier neuen Aussichtsplattformen aus rostfarbenem Cortenstahl darf man nun Gast dieser besonderen Landschaft sein.

#Wasserfall #Hängebrücke #Aerosole #ArchitekturamBerg

Sehen, was sonst niemand sieht: die überhängenden Aussichtsplattformen sind an sich bereits ein Highlight.

Die Tour beginnt mit einem kleinen Abstecher zu jenem Gebäude, das unübersehbar am Anfang des Weges steht: das Hotel Paradiso. Erst auf den zweiten Blick erkennt man, dass es sich trotz der modernen Architektur um eine verfallene Ruine handelt. Das Hotel wurde 1935 fertiggestellt und war anno dazumal eine Luxusbleibe mit 250 Betten – eine beachtliche Leistung für damalige Zeiten. Nach einer kurzen Blüte wurde es im Zweiten Weltkrieg von der deutschen Wehrmacht besetzt und danach dem Verfall preisgegeben. Heute ist es zugemauert, und man kann es nur mehr von außen betrachten, trotzdem ist dies ein faszinierender, wenngleich auch etwas trauriger Anblick inmitten der Natur!

Architektonisches Highlight der Plimaschlucht ist neben den drei Plattformen sicherlich die auffallende Hängebrücke, die am Ende des Themenwegs zur Zufallhütte führt.

Nun aber zur eigentlichen Eskapade, der Plimaschlucht. Der Weg auf der linken Flussseite führt Richtung Zufallhütte (www.zufallhuette.com) und zweigt für unterschiedliche, architektonisch herausragende Aussichtsplattformen immer wieder kurz ab. Der erste Abstecher führt zur Kelle, einem überdimensionalen Schöpflöffel, der in die Schlucht hineinhängt. Der nächste Stopp ist eine sichelförmige Aussichtsplattform mit stufenförmigen Bänken, wo einem das spektakuläre Bergpanorama vor Augen geführt wird. Zu guter Letzt gibt es am Erlebnisweg noch eine begehbare Kanzel, ein beliebter Fotospot, wenn man sich etwas unterhalb am Zaun posiert. Das Beste kommt jedoch wie so oft zum Schluss: eine feine Wasserstaubdusche vor dem mächtigen Wasserfall. An heißen Tagen eine unvergleichliche Erfrischung! Das Einatmen der Wasserfall-Aerosole soll übrigens laut diverser Studien besonders gesund sein. Dann geht es über die Hängebrücke, von deren Ausstieg es nur noch

---

Hin & weg: Mit dem Bus 262 von Schlanders über Martell Dorf bis zur Enzianhütte. Mit dem Auto bis zum gebührenpflichtigen Parkplatz Hintermartell. Mit dem Bus 262 vom Bahnhof Goldrain über Gand bis zur Enzianhütte (Stationsname: Rifugio Genziana).

Dauer & Strecke: Ca. 1,5 Std. reine Gehzeit bis zur Hütte, 200 hm, 3 km.

Beste Zeit: Im Sommer.

Ausrüstung: Feste Schuhe, Wasserflasche, Einkehrmöglichkeit in der Zufallhütte oder für einen kleinen Snack beim Souvenir-Kiosk am Parkplatz. Für die Wanderung im Nationalpark Stilfser Joch ist ein Fernglas im Rucksack immer eine gute Idee!

ein paar Minuten zur bereits sichtbaren Zufallhütte sind. Hier gibt es Südtiroler Schmankerl, die auf den Bänken vor der Hütte oder in der gemütlichen Stube serviert werden. Übernachtungsgäste dürfen sich sogar über eine hauseigene Sauna freuen – da könnte man glatt neidisch werden! Wer lieber noch ein wenig Felskontakt sucht, ist am kurzen Hüttenklettersteig Murmele gut aufgehoben.

Insgesamt sind es drei Abschnitte: Nach jedem Abschnitt gibt es einen Ausstieg. Der letzte ist der schwierigste mit einer C/D-Stelle.

FAZIT: ERHABENE AUSBLICKE IN DIE BERGE UND TIEFE EINBLICKE IN DIE SCHLUCHT.

Ganz gleich wie man die Schluchtenwanderung ausklingen lässt, hier kann man wahrlich nichts falsch machen!

DREI ZINNEN HOCH

#30

Das Wahrzeichen des UNESCO-Weltnaturerbes Dolomiten ragt unverkennbar in Form von drei Felstürmen in den Himmel empor. Wie man es auch dreht und wendet: Der Anblick ist atemberaubend. Ihre Gipfel sind guten Kletterern vorbehalten, den Nachbargipfel hingegen erreichen auch Klettersteiggeher.

#Tunnelblick #Alpingeschichte #ViaFerrata #Abenteuer

Auch wenn diese Eskapade auf den Gipfel des Paternkofels führt – sie wäre nur halb so schön, wären nicht in unmittelbarer Nachbarschaft die Drei Zinnen zu Hause. Für Kletterer sind die Spitzen begehrte Gipfelziele; der höchste von ihnen liegt auf 2999 Metern. 1869 wurden sie erstmals vom Wiener Alpinst Paul Grohmann und seinen einheimischen Führern Peter Salchner und Franz Innerkofler erklommen. Letzterer war ein Tiroler Gamsjäger und Bergführer, der 1882 auch als erster Mensch auf dem Gipfel des Paternkofels stand.

1915 wurden die Drei Zinnen Teil der Front im Gebirgskrieg zwischen Italien und Österreich-Ungarn. Der Paternkofel war als besonders guter Aussichtspunkt strategisch begehrt. Bei der Verteidigung fiel einer der besten Bergführer der damaligen Zeit: Sepp Innerkofler. Über den genauen Vorgang gibt es verschiedene Theorien. Eine besagt, dass sein Kontrahent auf der italienischen Seite, Piero De Luca, ihn mit einem Stein tödlich am Kopf getroffen haben soll. Besonders tragisch: Nur kurz zuvor hatte ihm Innerkofler bei einer Rettungsaktion aus einer misslichen Lage auf der Großen Zinne geholfen. Sein eigener Sohn hingegen meint, Innerkofler sei seinem eigenen Sperrfeuer zum Opfer gefallen. Heute vereint der Name des Klettersteigs beide Seiten der damaligen Front als Innerkofler-De-Luca-Klettersteig.

Licht an! Heißt es schon bald nach dem Einstieg beim markanten Felsturm, dem Frankfurter Würstel. Denn ab hier führt der Weg auf langen Strecken durch gemauerte Tunnel. Stets kann man aus der Dunkelheit einen Blick nach draußen werfen, doch die Vorstellung, dort mehr Zeit als nötig verbringen zu müssen, lässt einen schaudern. Am Ende des Tunnels erreicht man die Gamsscharte, und von da an geht es über luftige Drahtseile zum Gipfel. Hier wartet schließlich die Belohnung: eine hoffentlich gute, selbstgepackte Jause

---

Hin & weg: Bus-Shuttle von Toblach Bahnhof zur Auronzohütte von Juni bis Oktober. Mit dem Auto über die Mautstraße zum Parkplatz Auronzohütte (www.rifugioauronzo.it).

Dauer & Strecke: Von der Auronzohütte insg. ca. 5–6 Std. Gehzeit, 600 hm, 9 km.

Beste Zeit: Unter der Woche im Sommer, gleich zu Sonnenaufgang. Achtung bei Nässe!

Ausrüstung: Komplette Klettersteigausrüstung mit Helm, Stirnlampe für den Tunnel, Jause, Trinkwasser. Eine Karte mit Topo ist empfehlenswert!

Mit den Drei Zinnen auf Du und Du: Am Paternkofel kommt man den weltberühmten Spitzen näher.

und dazu der vielleicht schönste Blick auf die Dolomiten. Von dort oben kann man wahrlich nachvollziehen, wie sich wohl die Kletterer beim Erreichen der Gipfel fühlen müssen. Wer den Steig als Runde gehen möchte, steigt über den Passportensteig (A/B) nach Süden zur Passportenscharte und zurück zum Paternsattel (2454 Meter) an der Ostseite der Drei Zinnen. Alternativ kann man den Klettersteig auch in die zweitägige Eskapade #44 mit Übernachtung auf der Büllelejoch- (www.rifugiopiandicengia.it) oder der Dreizinnenhütte (www.dreizinnenhuette.com) integrieren.

FAZIT: AUF ABENTEUERLICHEN SPUREN DES ERSTEN WELTKRIEGS ZUM BESTEN GIPFELBLICK.

IN VINO VERITAS

… bei Kurtatsch

#31

Südtirol zählt zu den ältesten Weinanbaugebieten im deutschsprachigen Raum und archäologische Funde weisen sogar auf eine 3000 Jahre alte Geschichte hin. Das und der exzellente Wein, den man hier überall verkosten kann, sind nur zwei von vielen guten Gründen, um in die Reblandschaft einzutauchen.

Am Weinlehrpfad hängen Amphoren aus Ton, welche die typischen Duftnoten der verschiedenen Weine beinhalten. Wer sie richtig erschnuppert, hat sich die Verkostung des Endprodukts redlich verdient.

Der Weinlehrpfad ist ein gut markierter Weg, der vom Ortszentrum Kurtatsch nach Entiklar führt. Wer noch mehr sehen möchte, verlängert die Wanderung ganz einfach bis Margreid, einem ursprünglichen Dorf. Den Weg durch die Reben weist die Saltner Pratz, eine kleine Holztafel in Form einer Hand (»Pratze«). Früher war sie das Zeichen des Weinbergwächters, der auf die Weinreben achtete und sie vor Tieren und Dieben schützte, heute lotst sie Interessierte ins nächste Dorf. Je nach Jahreszeit gibt es immer etwas anderes zu sehen. Im September ist man während der Weinernte mittendrin im regen Treiben, wenn die großen Boxen mit Reben gefüllt werden. Am Wegrand des Lehrpfades stehen Infotafeln, die Auskunft geben über die Art der Traube und Wissenswertes rund um den Weinanbau erzählen. Wer tiefer in die Materie eintauchen möchte, schließt sich am besten einer geführten Weinwanderung an, die auch eine Vor-Ort-Verkostung der Weinsorten beinhaltet. Alle anderen können anhand der Tafeln ihr Wissen auf Vordermann bringen. Angebaut wird hier zwischen 200 und 2000 Metern über dem Meeresspiegel, bei durchschnittlich 300 Sonnentagen im Jahr. Die Böden sind dabei ganz unterschiedlich: Der autochthone Lag-

---

Hin & weg: Vom Bahnhof Auer mit dem Bus 122 über Margreid und Entiklar zum Rathaus in Kurtatsch.

Dauer & Strecke: Je nach Lust, Laune und Weinkonsum 2–3 Std. oder den ganzen Tag. 4 km.

Beste Zeit: Zur Weinernte im September.

Ausrüstung: Im Sommer ist es unterwegs sehr heiß und es gibt kaum Schatten – ein guter Sonnenschutz und feste Wanderschuhe sind zu empfehlen.

rein gedeiht auf warmen Böden aus Kies und Sand, der Gewürztraminer hingegen fühlt sich auf kalkreichen Böden heimisch.

Nach rund zwei Kilometern kommt man am vorläufigen Endpunkt an. In Entiklar empfiehlt sich die Einkehr am Weingut Tiefenbrunner (www.tiefenbrunner.it), dessen Bistro eine kleine, aber sehr feine Speisenauswahl zu dem einen oder anderen Gläschen Wein bietet. Von dort sind es nur mehr ein paar Minuten zur Busstation, um zurück nach Kurtatsch zu gelangen. Alternativ geht es zu Fuß weiter über die Weinberge bis Margreid an der Weinstraße. In der Grafengasse in Margreid gibt es außerdem noch die älteste datierte Rebe Südtirols zu sehen: Sie wurde 1601 gepflanzt und trägt immer noch um die 80 Kilogramm Weintrauben im Jahr.

FAZIT: WEINWANDERN FÜR WEIN-LOVERS UND TRAUBEN-FANS.

MIT DEM DRAHTESEL AUF DIE ALM

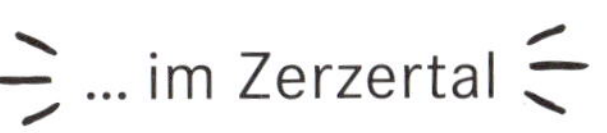

#32

Gut versteckt zwischen den Bergen weiden im Sommer die Kühe im idyllischen Zerzertal, das sich vom Haidersee in Richtung Schweizer Grenze erstreckt. Ab Ende Juli kann man auf der Alm auch den frischen Käse des Senners verkosten. Eine Tour für Feinschmecker und Fernblicker.

#Käseweg #Almrosen #Grauvieh #Sennerei #Radtour

Die Bruggeralm ist ein schönes Ausflugsziel mit herrlicher Sonnenterrasse und guter Küche.

Es sind stets die vermeintlich kleinen Seitentäler, in denen sich die größten Schätze verbergen! Die Tour ins Zerzertal beginnt dort, wo täglich unzählige Urlauber vorbei in den Süden fahren: am Reschenpass. Genau genommen zehn Kilometer weiter in Sankt Valentin auf der Haide. Der Haidersee liegt etwas südlich vom Reschensee und hat dank Etsch-Zulauf eine besonders reiche Ufervegetation. Er ist als Angelparadies bekannt, und so sieht man selbst an sehr windigen, unwirtlichen Tagen oft zahlreiche Boote im Wasser.

Für diese Eskapade schnürt man entweder die Wanderschuhe oder schwingt sich auf den Sattel seines Drahtesels – vorausgesetzt es handelt sich um ein geländegängiges Teil. Startpunkt ist der Uferradweg, dem man in Richtung Westende des Sees folgt. Dort befindet sich ein Feuchtbiotop mit einem Steg. Für Interessierte lohnt sich ein kurzer Abstecher, bevor es zum gut ausgeschilderten »Faulen See« erstmals ein wenig bergauf geht.

Der kleine See liegt am Waldrand, und am Ufer wartet eine Grillstelle auf Meister ihres Fachs. Ansonsten gibt es nicht viel zu tun. Die Tour führt weiter über die Forststraße bis zur Kapelle St. Martin. Von hier hat man den besten Blick zurück ins Tal, bevor es weiter bergauf geht, wo man schon bald die Glocken der Kühe hören kann.

Wer mit einem normalen Mountainbike unterwegs ist, wird sich sicherlich über den Anblick der Bruggeralm freuen! Man kann die Knödel förmlich schon beim Hinaufradeln riechen. Es lohnt sich allerdings, die Einkehr etwas hinauszuzögern und die letzten 200 Höhenmeter in Angriff zu nehmen. Über die gleiche Forststraße geht es über malerische Weiden hinauf zur Oberdörfer Alm, wo es ebenfalls eine klei-

---

Hin & weg: Aus dem Norden am besten mit dem Zug bis Landeck-Zams, weiter mit dem Bus 210 bis Nauders und mit der Linie 273 nach Sankt Valentin auf der Haide. Aus dem Süden vom Bahnhof Mals mit dem Bus 273. Parkplätze für Autofahrer gibt es am nördlichen Seeufer.

Dauer & Strecke: 470 hm zur Bruggeralm + 200 hm zur Oberdörfer Alm. Fahrzeit 2–4 Stunden je nach Motoreinsatz. 16 km insgesamt.

Beste Zeit: Frischen Almkäse gibt es ab Ende Juli.

Ausrüstung: Feste Schuhe, Wasserflasche, Helm, winddichte Jacke, Einkehrmöglichkeit am Weg in einer der beiden Almen. Karte oder GPX-Track nicht vergessen!

Die Oberdörfer Alm - eine Kuhalm, die nebenbei, wenn es die Zeit der Hirten erlaubt, auch eine Bewirtung mit kleiner Speisekarte anbietet. Wer bis hierher geradelt ist, hat sich ein kühles Getränk verdient!

ne Bewirtschaftung gibt. Von der natürlichen Terrasse aus genießt man einen großartigen Blick auf die bereits geschaffte Strecke. Auf dem Rückweg biegt man nun an der Brücke links zur Bruggeralm ab. Das junge Team tischt Südtiroler Schmankerl und gelegentlich auch den einen oder anderen Schnaps auf. Aus der Milch der rund 70 Kühe werden jedes Jahr im Sommer 4,5 Tonnen Almkäse produziert, der auf 1920 Metern reifen darf. Ab Ende Juli, nach dem sogenannten Käseanstich, gibt es die ersten Käsekostproben aus der diesjährigen Saison. Danach geht es hinter der Alm über den Weg 7 wieder zurück nach Sankt Valentin auf der Haide. Geübte Downhill-Fahrer können auf halber Strecke den Haideralm Trail nehmen, alle anderen bleiben besser auf dem Forstweg, der im Ortsteil Plagött in eine asphaltierte Straße übergeht.

FAZIT: IDYLLISCHE ALMRADTOUR ZU ZWEI SEHENSWERTEN ALMEN.

STEIN AUF STEIN

… im Sarntal

#33

Hexen und Zauberer schwingen ihren Allerwertesten auf ihren Besen und sind im Nu am wohl schönsten aller Aussichtsberge im Sarntal. Alle am Boden Gebliebenen müssen wohl die Wanderschuhe schnüren. Aber keine Sorge, wer nicht fliegt, verbrennt mehr Kalorien und darf mehr Knödel essen!

#Hexenlegende #Stoanerhaufen #Weitblick #Gipfelmoment

Apropos Ski: Die gleiche Strecke der Wanderung wird im Winter gerne als Skitour begangen.

Die Wanderung beginnt an der Sarner Skihütte, hinter der sich ein großer Parkplatz befindet. Das erste Stück führt über eine nicht asphaltierte Straße, dann biegt man ab auf einen schmalen, etwas steileren Pfad. Dieser schlängelt sich neben dem Bach nach oben und trifft dann wieder auf den Fahrweg. Kurz darauf erreicht man bereits die Auener Alm. Knödel, Apfelstrudel und Co schmecken nach dem Gipfel garantiert noch besser, also geht es gleich weiter!

Die Waldgrenze ist schnell überschritten, und auf den Weiden grasen im Almsommer die Kühe. Das Ziel ist linker Hand schon in Sicht, doch zuerst geht es aufs Auener Joch, wo ein großer Wegweiser am Kamm steht. Jetzt ist es wirklich nicht mehr weit, die ersten Steintürmchen sind bereits gut zu erkennen. Umso überraschender ist es zu sehen, wie viele ihrer Art sich hier angehäuft haben. Ein schmaler Pfad führt bis zum Gipfelkreuz der Hohen Reisch. Da der gesamte Gipfel aber mit diesen Stoanernen Mandln übersät ist, zahlt es sich aus, eine Runde um den Hügel zu gehen, um seinen Lieblingsplatz zu finden.

Steinmännchen sind im Hochgebirge als Wegweiser in vielen Teilen der Erde üblich, doch im Sarntal haben sie noch eine ganz andere Bedeutung. Fundstücke weisen sogar darauf hin, dass dieser Ort bereits in der Steinzeit von Menschen besucht wurde. Auch im Mittelalter war er ein beliebter Treffpunkt. Einer alten Sage nach trafen sich hier Hexen mit dem Teufel, um wilde Orgien zu feiern und Unwetter heraufzubeschwören. Auch die Pachlerzottl, die bekannteste Hexe des Tals, trieb sich hier rum. Sie wurde für allerlei Schandtaten angeklagt und um 1540 bei lebendigem Leib auf dem Scheiterhaufen verbrannt. Die Sage basiert nachweisbar auf der Geschichte einer Frau namens Barabara Pachlerin, die Opfer der Hexenverfolgungen im 16. Jahrhundert wurde.

Wer sich auf dem Rückweg Zeit lässt, kommt vom Parkplatz der Skihütte bei schönem Wetter noch in den Genuss des Alpenglühens (vergleiche Eskapade #49). Noch besser ist der Blick natürlich vom Gipfel aus, dann heißt es aber Taschenlampen einpacken für den Abstieg!

Ruhen am Kraftplatz. Beim Schafe- oder Steinmännchen-Zählen ist so manch einer bereits eingeschlafen.

FAZIT: ENERGIE TANKEN AN EINEM MYSTISCHEN URALTEN KULTPLATZ.

Hin & weg: Mit dem Auto von Bozen in das Sarntal. Bei Sarnthein geht es über eine schmale Bergstraße zur Sarner Skihütte. Mit dem Bus 150 von Bozen bis Sarnthein (+2 Std. Wanderweg bis zur Skihütte, 650 hm, 4 km). Wanderbusse im Sommer unter www.sarntal.com

Dauer & Strecke: Mit Pause am Gipfel und Einkehr 4–5 Std. Reine Gehzeit 2–3 Std., 400 hm, 7 km.

Beste Zeit: An einem lauen Sommerabend.

Ausrüstung: Komplette Wanderausrüstung, Wasserflasche, eventuell Bargeld für die Einkehr auf der Alm (Trinkwasserbrunnen auf der Terrasse).

LITTLE GRAND CANYON

#34

Für die einen ist es einfach nur ein bunter Steinhaufen. Für die anderen eine Reise durch Jahrmillionen der Erdgeschichte. Wer sich in der beeindruckenden Schlucht am Fuße des Weißhorns auf die Suche begibt, kann auf eigene Faust Saurierspuren, Pflanzenfossilien und Muscheln entdecken.

#GeoParc #Marslandschaft #UNESCOWelterbe #fossileSchatzsuche

Direkt vor den Augen und trotzdem übersehen? In der Bletterbachschlucht kann das schon mal passieren. Eine Tour mit einem der GEOPARC-Führer (www.bletterbach.info) öffnet einem hingegen die Augen für Gesteinsschichten und Spuren aus längst vergangenen Zeiten. Sie beginnt am Besucherzentrum, wo ein kleines Museum erste Eindrücke bietet. Noch schnell einen Helm ausborgen und dann geht es ab in die Schlucht!

Vor circa 15 000 Jahren entstand die acht Kilometer lange und 400 Meter tiefe Bletterbachschlucht, die diverse Gesteinsschichten der Dolomiten veranschaulicht. Der Weg führt zuerst durch den Wald und dann über gut befestigte Stufen mit Geländer hinab zum kleinen Bach, der seinen Lauf oft mehrmals im Jahr verändert. Da Steinschlaggefahr besteht, sollte man sich nicht unter steilen Felswänden aufhalten und seinen Helm in der

Was auf den ersten Blick wie eine normale Schlucht wirkt, ist eine grandiose Schatztruhe für (Hobby-)Archäologen. Man weiß nie, welches Relikt vielleicht auf der Unterseite eines Steins zu finden ist.

Schlucht stets auf dem Kopf behalten - den braucht man nämlich, um sein geologisches Schulwissen hervorzukramen. Fünf Gesteinsarten sind für die Bletterbachschlucht kennzeichnend. Während der Weg hinab in die Schlucht durch Grödner Sandstein führt, zeichnet sich der erste Abschnitt im Taubenleck durch roten Porphyr aus. Entstanden ist dieser vor 280 bis 260 Millionen Jahren bei heftigen Vulkanausbrüchen. Etwas weiter den Bach entlang findet man Gesteine aus der Bellerophon-Schicht, die helle Gipsknollen beinhaltet. Mit ihnen kann man auf dunklerem Gestein sogar zeichnen.

Wer die bunten Gesteine aus der Werfener Schicht erkennt, ist bei der Fossiliensuche klar im Vorteil, denn hier wurden vor 251 bis 245 Millionen Jahren Muscheln und Co eingelagert. Beim Aneinanderreiben von Bruchstücken bemerkt man einen leichten Schwefelgeruch. Die darüber liegende Schicht nennt sich Richthofen-Konglomerat und besteht aus vielen Elementen. Als fünfte Schicht folgt die Contrin-Formation, welche auch den Gipfel des Weißhorns aufbaut. Auf dem Rückweg ist die letztere Gesteinsart übrigens auf einer Lärchenwiese kurz vor dem Parkplatz besonders gut zu sehen!

Durch die laufende Erosion werden immer wieder neue Abdrücke und Spuren freigelegt, es lohnt sich also, die Augen offenzuhalten. Wer kann schon von sich behaupten, den echten Fußabdruck eines Sauriers gefunden zu haben? Die Eskapade führt zum Herzstück der Bletterbachschlucht und deckt sich mit der geführten Wandertour. Man kann die Wanderung beliebig erweitern, beispielsweise mit einer Tour bis zum Talschluss Gorz im oberen Teil der Schlucht oder sogar mit einer Gipfeltour auf das Weißhorn. Für die Gipfeltour muss man allerdings circa fünf Stunden Gehzeit und knapp 1000 Höhenmeter zusätzlich einrechnen. Wer mehrere Tage Zeit hat, kann das Weißhorn auf 2317 Metern auch vom Ausgangspunkt Jochgrimm besteigen (500 Höhenmeter, circa eine Stunde zum Gipfel). Ein idealer Aussichtsberg für Sonnenauf- und Untergänge.

FAZIT: GEOLOGISCHE ZEITREISE IN EINER ABENTEUERLICHEN SCHLUCHT.

Hin & weg: Mit dem Bus 142 von Neumarkt bis zur Kirche in Aldein. Weiter mit dem Bus 146 zum Besucherzentrum Aldein (Juni - Anfang September & Anfang September - Ende Oktober nur an bestimmten Tagen). Eintrittsgebühr für alle ab 15 Jahren. Wer vom Bahnhof Auer kommt, muss mit dem Bus 140 nach Montan und dort in die Linie 142 umsteigen. Mit dem Auto Ausfahrt Auer/Neumarkt weiter Richtung Montan und Cavalese nach Aldein, ab hier ausgeschildert.

Dauer & Strecke: Es gibt viel zu sehen ... Mind. 3-4 Std., 240 hm Ab-/Aufstieg über Stufen in die Schlucht. 4 km.

Beste Zeit: Anfang Mai bis Ende Oktober geöffnet. Nach Gewittern oft und im Winter komplett gesperrt.

Ausrüstung: Komplette Wanderausrüstung mit Bergschuhen, in der Schlucht ist es einige Grad kälter. Trekkingstöcke helfen, wenn man nicht ganz trittsicher ist. Wichtig: Wasser nicht vergessen! Eventuell auch einen Müsliriegel mitnehmen (keine Einkehrmöglichkeit). Es besteht Helmpflicht. Helme können gratis ausgeliehen werden gegen Hinterlegung eines Ausweises.

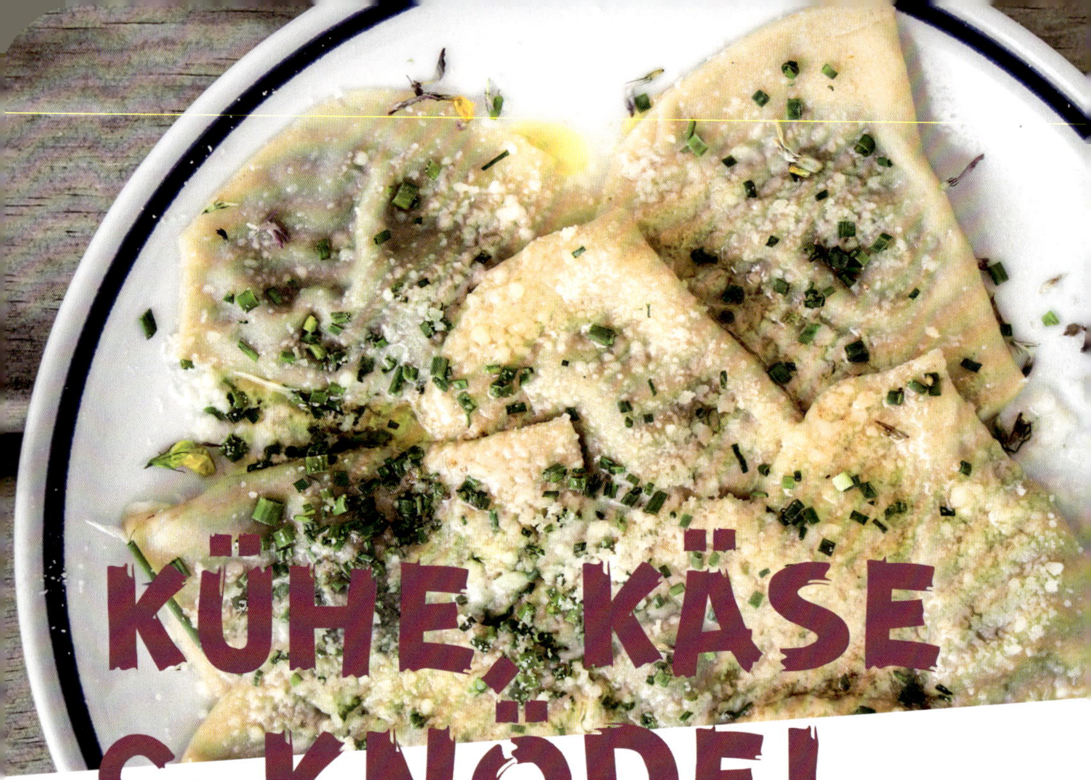

KÜHE, KÄSE & KNÖDEL

… im Valser Tal

#35

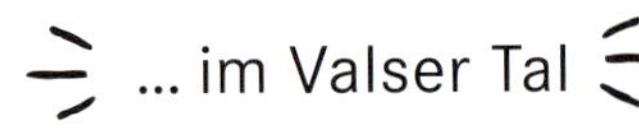

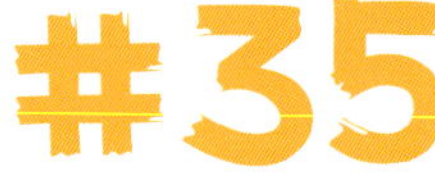

Die gute Kulinarik in den Hütten der Almgemeinschaft Fane Alm im hinteren Valser Tal eilt ihrem Ruf voraus. Am besten schmecken Schlutzkrapfen, Knödel und Co allerdings erst dann, wenn man sie sich so richtig verdient hat – beispielsweise nach einer langen Radtour zur Brixner Hütte.

#CabinLove #Zeitreise #Feinschmecker #ohneFleißkeinPreis

Klischeehaft schön: Die Holzhütten der Fane Alm halten, was sie auf zahlreichen Bildern versprechen. Erbaut wurden die meisten der Häuser um 1700 entweder als Lazarett oder als Fluchtort vor der Pest, ganz genau weiß man es nicht. Manche vermuten auch, dass die Alm als Unterkunft für Knappen gedient haben könnte, die im Bergbau tätig waren. In näherer Vergangenheit und in der Gegenwart nutzten bzw. nutzen sie jedenfalls Hirten als Sommerunterkunft. Zudem bieten sie mittlerweile auch eine ausgezeichnete Gastronomie. Die Fane Alm ist ein beliebtes Ausflugsziel für Klein und Groß und kann – leider – bis auf die letzten paar Gehminuten über eine asphaltierte Straße mit dem Auto erreicht werden. Dementsprechend groß ist mittags der Andrang in den drei bewirtschafteten Hütten. Für diese Eskapade schwingen wir uns deshalb auf den Sattel eines E-Bikes und schießen dabei gleich über das Ziel hinaus. Die Radtour führt von Vals zu der Fane Alm

und weiter durch die Valser Schramme zur Brixner Hütte. Dafür sollte man schon etwas Mountainbike-Erfahrung mitbringen; der Weg ist zwar breit, aber immer wieder recht steil und der Boden lose. Im Zweifelsfall lieber ein paar Meter schieben. Wie heißt es so schön? Wer sein Rad liebt, der schiebt.

Auf der Brixner Hütte wird man mit einer gigantischen Aussicht belohnt, bevor es nach einer kleinen Stärkung wieder zurück zur Fane Alm geht. Im Idealfall ist der Mittagsansturm nun vorbei und man kann in Ruhe die Südtiroler Küche genießen.

Circa 70 Milchkühe und 170 Jungrinder verbringen übrigens jährlich ihren Almsommer hier auf 1740 Metern über dem Meeresspiegel. Später im Sommer wandern sie auf die noch höher gelegene Labisebenalm weiter. Aus der frischen Milch der Kühe wird in der Sennerei, die an die Kuttnhütte angeschlossen ist, Bergkäse und Almbutter produziert. Neben der Kuttnhütte sind auch noch die Gattererhütte (www.gattererhuette.it) und die Jausenstation Zingerle (www.zingerlealm.it) bewirtschaftet. Jede hat sich auf andere Speisen spezialisiert. Die Zingerle Alm macht auch im Winter von Anfang Dezember bis Ostern für Winterwanderer, Tourengeher und Rodelgäste auf!

Über die Fahrstraße geht es schließlich mit einem wachsamen Auge auf den Verkehr wieder zurück ins Tal. Tipp: Wer lieber zu Fuß unterwegs ist, erreicht die Fane Alm alternativ auch über den Milchsteig, der aus dem Tal in circa 1,5 Stunden abseits der Straße hinaufführt.

Auf dieser Strecke teilen sich Wanderer und Radfahrer den Weg, auch wenn es mal durch den Bach geht.

FAZIT: LOHNENDE RADTOUR MIT KULINARISCHEM HIGHLIGHT!

Hin & weg: Am Bahnhof Franzensfeste umsteigen in den Pustertaler Regionalzug bis Mühlbach, weiter mit dem Bus 412 bis Vals. Mit dem Auto über die Eisacktal-Autobahn A22 bis zur Ausfahrt Brixen Nord und weiter ins Pustertal bis Mühlbach. Dort abbiegen Richtung Gitschberg Jochtal/Vals. Parkmöglichkeiten bei der Kabinenbahn Jochtal.

Dauer & Strecke: Je nach Motor und Kondition 3–4 Std., 350 hm zur Fane Alm + 540 hm zur Brixnerhütte, insgesamt 15 km.

Beste Zeit: Unter der Woche im Sommer. Achtung bei Gewittergefahr!

Ausrüstung: Mountainbike oder E-Bike, Helm, feste Schuhe, Bargeld für die Einkehr. Im Tal und bei den Almhütten gibt es kaum bis keinen Handyempfang.

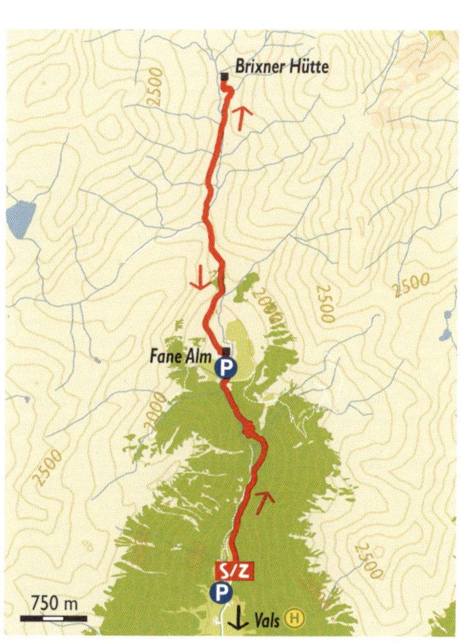

I bin der
wenn die Frau nit

SPITZEN-MÄßIG GUT DRAUF

#36

Orte, an denen man glaubt, man ist im Märchenbuch gelandet, gibt es in Südtirol viele – und die Almenwanderung unter den Geislerspitzen gehört definitiv dazu! Die steilen nordseitigen Wände der Geisler treffen hier auf sanftes Weideland, schmale Waldpfade und urige Almhütten.

#HüttenHopping #Almsommer #Felsblick #Kletterwände

Die Eskapade beginnt am Parkplatz der Zanserhütte, wo sich an sonnigen Wochenenden meist sehr viele Wanderer tummeln. Verständlich, denn die Landschaft ist wunderschön und die Wege sind familienfreundlich. Man kann den Massen aber gut ausweichen, indem man zum Beispiel etwas später startet und dafür darauf hoffen darf, das abendliche Alpenglühen zu sehen. Oder man wandert gegen den Uhrzeigersinn, so wie auf dieser Tour. Eine alte Bauernregel besagt: »Hat die Geisl an Huet, wird's Wetter guet. Hat die Geisl an Sabel, wird's miserabel.« Auch bei etwas Nebel lohnt sich die Wanderung – im Regen verpasst man allerdings das wahre Highlight der Tour: den Ausblick.

Los geht es über den Waldweg zur ersten Alm, der Dusleralm. Bereits hier ist der Ausblick herrlich, und die Speisekarte verspricht gute Kost. Zur modernen Geisleralm (www.geisleralm.com), die man als nächstes erreicht, ist es nicht viel weiter. Auf dem Hang hinter der Alm befindet sich das Bergkino mit hölzernen

---

Hin & weg: Vom Bahnhof Brixen fährt der Bus 330 bis Ranui, wo man in den 339 bis zur Zanserhütte umsteigt. Mit dem Auto über die A22 bis zur Ausfahrt Klausen und weiter ins Villnösstal bis zum gebührenpflichtigen Parkplatz an der Zanser Alm.

Dauer & Strecke: Ca. 3 Std. reine Gehzeit, 430 hm, 9 km.

Beste Zeit: Am Nachmittag im Spätsommer.

Ausrüstung: Komplette Wanderausrüstung. Die Wanderung findet ausschließlich auf der Nordseite auf rund 2000 m statt, da kann es trotz Sonne schnell kalt werden. Eventuell Bargeld für die Einkehr.

Wandern am Fuße der Geislerspitzen, in denen Extrembergsteiger Reinhold Messner das Klettern lernte und die dem Naturpark seinen Namen gaben.

Liegen und Bänken, die zum Rasten einladen. Für Kinder ist der Erlebnisspielplatz sicherlich ein Highlight. Die Karte der Geisleralm bietet gehobene Küche; einige der Almprodukte kann man direkt vor Ort im hauseigenen Lädchen auch kaufen.

Die Gschnagenhardtalm (www.gschnagenhardtalm.it) ist nur ein paar Minuten weiter und ebenfalls mit einer grandiosen Bergkulisse gesegnet. Kurz nach ihr beginnt der Adolf Munkel Weg, ein Höhenweg, der stets am Fuße der Geislerspitzen entlangführt. Die Rundwanderung folgt dem Pfad ein Stück bis zur Abzweigung in Richtung Glatsch Alm (www.glatschalm.com/de). Auch hier hat man einen guten Ausblick; die Speisekarte ist etwas kürzer und einfacher.

Wer die gesamte Runde ohne Einkehr hinter sich gebracht hat, kann in der Nähe des Parkplatzes auch noch in der Zanser Schwaige (www.zanserschwaige.com) einkehren. Und ja, dort genießt man ebenfalls einen tollen Blick. Im Idealfall hat es die Sonne nun auf die andere Seite geschafft, und die Geislergruppe zeigt sich im letzten Abendlicht in bester Postkartenmanier.

FAZIT: EINFACHE, ABER TRAUMHAFT SCHÖNE WANDERUNG IN DEN DOLOMITEN!

ZWISCHEN DEN SAISONS

Der drittniedrigste Übergang in den Norden nach Österreich führt über das 2246 Meter hohe Pfitscher Joch. Im Sommer tummeln sich hier Wanderer, Mountainbiker und Kletterer, im Winter Skitourengeher und Schneeschuhwanderer. Und im Herbst? Da hat man gute Chancen, die Gegend ganz für sich zu haben.

#Laub #OffSeason #Herbstfarben #Ruhe

Im Herbst leuchten die Lärchen am Wegrand bunt. Besonders abends ist die Farbenpracht überwältigend.

Unglaublich, aber wahr: Seit über 9000 Jahren wird der alpine Pass zwischen Italien und Österreich von Menschen genutzt. Woher man das so genau weiß? Weil Archäologen der Universität Innsbruck die Region seit 2012 genauer unter die Lupe nehmen. Auf beiden Seiten des Jochs wurden mittelsteinzeitliche Lager von Jägern gefunden, in denen sich unter anderem Feuerstellen, Bergkristall- und Feuersteingeräte befanden. Auf der Tiroler Seite wurde sogar ein 4000 Jahre altes Steinbeil aus glasklarem Bergkristall gefunden, ein weltweit einzigartiger Fund.

Die Eskapade beginnt am letzten Parkplatz auf der Passstraße, bis zu der vierten Kehre darf man nämlich mit dem eigenen Auto fahren. Das erspart einem rund 400 Höhenmeter im Aufstieg und macht die Tour ideal für einen Sundowner-Ausflug im Herbst oder als Familienwanderung. Anstatt der Zufahrtsstraße zu folgen, geht es den Schildern nach über den Plattenweg direkt hinauf zum Joch. An den Militärbauten vorbei wandert man zum Schutzhaus und dann weiter zum Pass.

Wer mit einem Fuß in Österreich und mit dem anderen in Italien stehen möchte, hat am Grenzstein die Gelegenheit dazu! Dann geht es über den Aufstiegsweg wieder zurück ins Tal. Solange kein Schnee liegt, kann man alternativ auch dem Landshuter Höhenweg folgen, am Nusserkopf vorbei über die Griebalm zurück ins Tal.

Neben den Tageswanderern marschieren über das Pfitscher Joch im Sommer vor allem Weitwanderer, beispielsweise auf der Via Venezia Alpina oder auf dem Traumpfad von München–Venedig. Auch Mountainbiker haben die Strecke für sich entdeckt und ziehen auf ihren Transalptouren hier vorbei.

Ab Anfang Oktober, wenn die älteste private Schutzhütte Südtirols, das Pfitscherjochhaus (www.pfitscherjochhaus.com), ihre Pforten dicht gemacht hat, wird es hier oben still. Dabei lohnt sich die Wanderung auch, wenn man am Ende vor verschlossenen Türen steht: Die Landschaft ist wunderschön und das Erlebnis ein ganz anderes. Zwar laden die kleinen Seen am Joch dann nicht mehr zum Abkühlen und Schwimmen ein, strahlen dafür aber eine tiefe Ruhe und Gelassenheit aus.

Nicht nur steinzeitliche Jäger und Bergkristallknappen hinterließen hier ihre Spuren, Funde weisen auch auf die spätere Begehung durch Hirten hin, die auf den Almen über ihr Vieh wachten.

FAZIT: BUNTE WÄLDER UND MAGISCHE BERGMOMENTE IM HERBST.

Hin & weg: Mit dem Bus 311 vom Bahnhof Sterzing bis zur Endstation Angerhöfe, von hier zu Fuß bis zum Ausgangspunkt am letzten Parkplatz. Mit dem Auto über die Eisacktal-Autobahn A22 bis nach Sterzing und weiter ins Pfitscher Tal. Ab Stein über die unasphaltierte Passstraße bis zur vierten Kehre.

Dauer & Strecke: 3 Std. vom oberen Parkplatz, 500 hm, 5,5 km. Von der Busstation aus doppelt so lang (+ 1 - 1,5 Std., 3 km, 350 hm)!

Beste Zeit: An einem schönen Herbstnachmittag!

Ausrüstung: Komplette Wanderausrüstung und warme Wechselkleidung, eventuell eine Thermoskanne mit heißem Tee, eine gute Jause und für den Rückweg je nach Jahreszeit eine Stirnlampe.

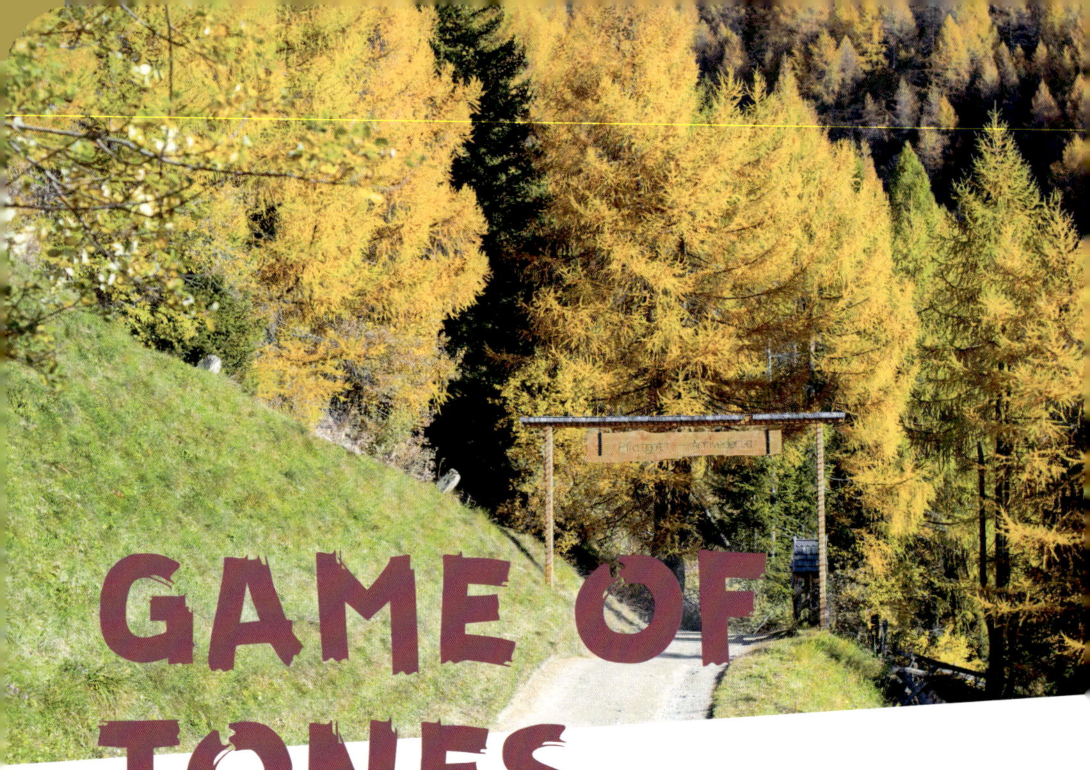

GAME OF TONES

… bei Sterzing

#38

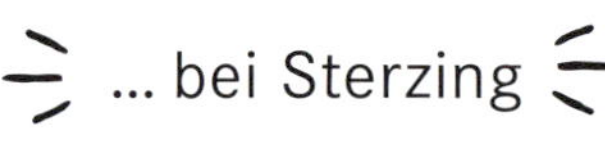

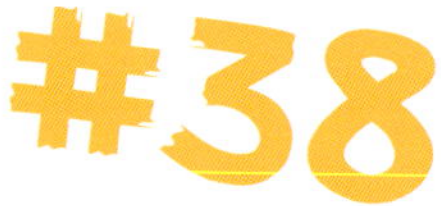

Wie man den Südtiroler Herbst in vollen Zügen genießt? Mit einer Wanderung durch die bunte Landschaft und einer Einkehr auf der Sonnenterrasse samt heißer Suppe und stärkenden Knödeln. Einen wunderbaren Panoramablick obendrauf gibt es auf der Prantneralm oberhalb von Sterzing.

#Herbstfarben #surreal #IndianSummer #Knödelonmymind

Ab Anfang Oktober bis in den November hinein tragen die Wälder hier ein leuchtend buntes Kleid.

Die Eskapade beginnt dort, wo man möchte. Faule fahren mit dem Auto zu einem der oberen Parkplätze an der Straße zur Alm; man munkelt, dass man sogar bis ganz vor die Alm fahren kann. Dann verpasst man aber die Wanderung durch den herbstlichen Wald. Dafür startet man am besten bei der Jausenstation Braunhof (www.jausenstation-braunhof.com) in Schmuders.

Auf dem gut ausgeschilderten Wanderweg 3 geht es stetig bergauf. Mal am Waldrand, mal mitten durch den Wald. Am Anfang ist der Weg noch etwas steiler, je weiter man nach oben kommt, umso flacher wird er. Ideal, um die Aussicht ganz entspannt genießen zu können. Immer wieder hat man die Wahl zwischen Waldweg und Forststraße – je nach Wetter, Lust und Laune kann man variieren.

Die Prantneralm (www.prantneralm.com) auf 1800 Metern liegt links vom Fahrweg vor der prächtigen Bergkulisse mit Blick ins Eisacktal und auf die Stubaier Alpen. An noch warmen

Herbsttagen stehen einige Liegestühle draußen, auf denen eine Tasse Tee oder ein kühles Bier garantiert noch besser schmecken!

Zum Essen laden die Holzbänke auf der Terrasse ein; auf der Speisekarte stehen Spinat, Käse und Speckknödel. Und wer sie noch nicht kennt, muss auf jeden Fall Rohnenknödel probieren. Diese werden aus Roter Bete gemacht und bekehren nicht selten auch Menschen, die von der roten Knolle bisher weniger angetan waren. Auf Vorbestellung gibt es Südtiroler Blattler mit Kraut oder Preiselbeermarmelade.

Auf der Alm wird im Sommer außerdem Graukäse in unterschiedlichen Reifungsstufen produziert. Wenn gerade ausreichend vorhanden ist, kann man vor Ort welchen zum Mitnehmen kaufen. In der Suppe schmeckt der eigenwillige Käse ebenfalls gut: hier als Graukäse-

---

Hin & weg: Mit dem Auto von Sterzing Richtung Pfitschertal, an der Abzweigung nach Schmuders. Entweder oberhalb der Jausenstation Braunhof parken oder noch etwas weiter oben am Parkplatz neben der unasphaltierten Fahrstraße. Alternativ mit dem Citybus 316 vom Bahnhof Sterzing bis zur Station Braunhof in Schmuders.

Dauer & Strecke: Je nach Ausgangsort. Wanderung ab der Jausenstation 3,5–4 Std. reine Gehzeit, 740 hm, 8 km.

Beste Zeit: Ganzjährig. Die Hütte ist täglich ab 10 Uhr geöffnet.

Ausrüstung: Feste Schuhe, Wasserflasche, Bargeld für die Knödel.

Auf Vorbestellung gibt es auf der Prantneralm Blattler: frittierte Kartoffelteigstücke mit Sauerkraut oder Granten (Preiselbeeren). Ein Südtiroler Klassiker, den man allerdings nicht überall bekommt.

cremesuppe mit Roggencroutons. Übrigens ist die Prantneralm nicht nur im Sommer und Herbst ein beliebtes Ausflugsziel für Wanderer und Mountainbiker – auch im Winter hat sie für Winterwanderer und Rodelgäste geöffnet. Dann erübrigt sich die Frage nach dem Abstieg, denn auf der gut präparierten Rodelbahn saust man nur so zurück ins Tal.

Im Herbst hingegen ist die Rundwanderung über den Aussichtspunkt Saun auf 2087 Metern meistens noch gut möglich. Nach circa einer Stunde und 300 Höhenmetern hat man den Punkt erreicht und steigt von hier ins Tal ab. Wer mag, kann die Tour natürlich auch andersrum in Angriff nehmen.

FAZIT: SONNIGE HERBST-VIBES MIT KNÖDELN IM VISIER.

GLEIS-FREI GLÜCKLICH

#39

Auf langer Entdeckungsfahrt mit dem E-Bike: Auf der ehemaligen Bahntrasse der Fleimstalbahnstrecke taucht man tief in den Wald ein und durchquert dabei den einen oder anderen abenteuerlichen Tunnel. Das Licht am Ende des Tunnels verspricht Almglück und Weitblick!

#Radtour #Apfelernte #IndianSummer #sattelfest

Auch wenn die Tage im Herbst spürbar kürzer werden, gibt es einen einfachen Trick, sie zu verlängern. Man nehme ein E-Bike, einen frühen Start in den Tag und eine lange Radstrecke durch eine wunderschöne Landschaft. So erlebt man richtig viel, bevor sich die Sonne wieder in den Bergen verabschiedet. Los geht es im Zentrum von Auer. Hier kann man E-Bikes auch für einen Tag ausborgen.

Im Zentrum des Dorfes kommt bereits mediterranes Feeling auf, das Wasser plätschert fröhlich im Brunnen. Einen guten Espresso nimmt man wie die Italiener stehend an der Theke ein, und dann ist es Zeit, sich auf den Sattel zu schwingen. Vom Dorf aus erreicht man schnell das Ufer der Etsch, wo ein asphaltierter Radweg nach Castelfeder führt. Wer mag, kann den Abstecher von Eskapade #16 mit der Radtour kombinieren! Dafür lässt man seinen Drahtesel am Anfang vom Wanderweg stehen, denn weiter oben sind Räder verboten. Nach dem mystischen Hügel geht es in vielen Kehren stets ein kleines Stück

---

Hin & weg: Von Bozen mit der Bahn bis Neumarkt. Mit dem Auto über die Eisacktal-Autobahn A22 bis zur Ausfahrt Neumarkt Auer und weiter bis zum Parkplatz in Neumarkt.

Dauer & Strecke: Je nach (E-)Bike und Ausdauer. Insgesamt 45 km, 1400 hm.

Beste Zeit: Im Spätsommer/Herbst.

Ausrüstung: E-Bike (sehr guter Verleih auf Voranmeldung in Neumarkt bei Robertos www.ebike-dreams.com), Helm, wärmende Kleidung, eventuell Wechselshirt, Windbreaker oder Regenjacke für die Fahrt ins Tal. Wasserflasche und kleine Snacks erhalten die gute Laune! Einkehr z. B. auf der Cisloner Alm, etwas gehobener im Berggasthof Dorfner (www.dorfner.it) in Truden oder auf dem Rückweg im Planitzer Hof in Glen (www.planitzer.it).

Auf der langen Tagestour kommt man an alten Höfen, Apfelhainen, Weingärten, Wäldern und Almwiesen vorbei. Eine gute Möglichkeit, den Herbst in vollen Zügen auszukosten!

weiter bergauf. Der Weg führt durch einige Dörfer und ab und zu kurz über die normale Straße. Noch ist es etwas früh für eine Pause, obwohl am Wegrand immer wieder Höfe mit Einkehrmöglichkeiten liegen. Doch die Strecke ist noch lang, und so empfiehlt es sich, erst mal weiterzuradeln. Oberhalb von Montan fährt man bereits auf der noch gut erkennbaren alten Bahntrasse. Die Fleimstalbahn war einst eine schmalspurige Eisenbahnstrecke zwischen Auer und Predazzo im Trentino. Sie war von 1917 bis 1963 in Betrieb und wurde schließlich durch Busse ersetzt. Zum Glück blieb die Strecke erhalten, mit ihrer konstanten oder nie extremen Steigung ist sie für Radfahrer ideal. Ein schöner Aussichtspunkt ist das Viadukt von Glen, das sich als mächtiger Bogen über das Tal spannt. Auch mehrere stockdunkle Tunnel müssen durchquert werden. Automatische Lichtschranken erleuchten aber den Weg!

Auf der Eskapade folgt man der Radstrecke bis San Lugano, dem Übergang vom Etschtal ins Fleimstal. Wer sich das Stück zum Pass sparen möchte, kann auch gleich rechts Richtung Truden abbiegen. Von Truden aus gibt es einen lohnenswerten Abstecher zur Cisloner Alm, von der man eine herrliche Aussicht hat.

Dabei nur nicht die Zeit aus den Augen verlieren – es geht zwar ab jetzt größtenteils nur mehr bergab, trotzdem ist es noch ein Stück, bis man wieder auf dem Dorfplatz von Auer steht. Dieses Mal bestellt man statt Kaffee vielleicht lieber ein kühles Erfrischungsgetränk.

FAZIT: TOLLE RUNDTOUR AUF DEN SPUREN DER EHEMALIGEN EISENBAHN.

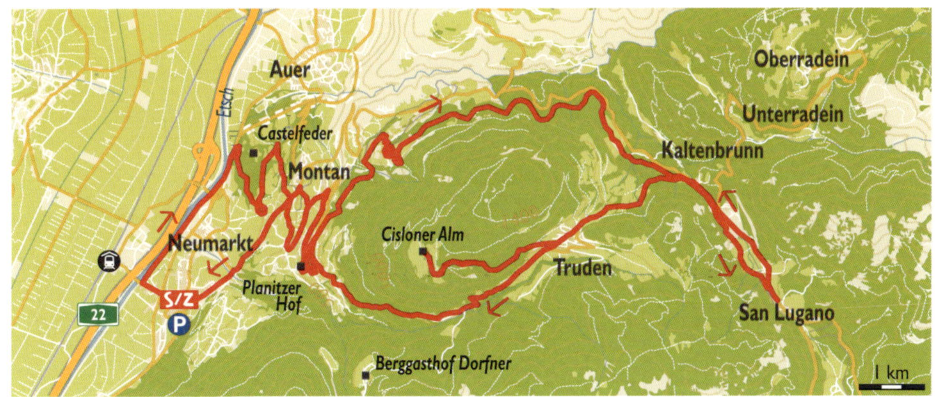

EIN GESPÜR FÜR SCHNEE

#40

Das überraschend laute Knirschen unter den Füßen, wenn man mit den großen Sohlen der Schneeschuhe auf frischem Schnee wandert, gehört zu den wohl schönsten Wintergeräuschen. Oder ist es vielleicht doch die Stille des Waldes, wenn man zwischendurch mal stehen bleibt?

#Schneestapfen #WinterimWald #Fernblick #Schneeschuhwandern

Schneeschuhwanderungen sind nur was für Sportmuffel? Weit daneben. Denn wer es einen ganzen Tag lang macht, wird abends hundemüde ins Bett fallen. Die ungewohnte Bewegung, die Stille der Natur und das Funkeln der Schneekristalle powern aus, und das ganz ohne Stressmomente.

Die Wanderung beginnt am Nigerpass, welcher auf 1660 Metern das Tierser Tal mit dem oberen Eggental verbindet. Mit 24 Prozent Steigung gehört die Straße zu einer der steilsten Passrouten Italiens – und einer der schönsten, denn der Blick auf den dahinterliegenden Rosengarten ist einmalig!

Auf der Rundwanderung durch den Wald hingegen bewegt man sich auf sanft hügeligem Gebiet. Meist geht man dick eingepackt los und stellt nach einigen Minuten fest, dass die Bewegung alleine bereits gut wärmt. Eine Extra-Kleidungsschicht kann aber nicht schaden, denn das Wichtigste beim Wandern im Winter ist es, stets eine angenehme Körpertemperatur zu halten und dabei bloß nicht zu schwitzen! Während man zuerst noch am Forstweg entlangwandert, führt der Pfad spä-

---

Hin & weg: Vom Bahnhof Bozen mit dem Bus 180 über Welschnofen und Karersee bis zum Nigerpass. Von der A22 Bozen Nord ins Tierser Tal und weiter auf den Nigerpass.

Dauer & Strecke: Reine Gehzeit 3,5–4 Std., 370 hm, 12 km.

Beste Zeit: Im Winter bei viel Schnee.

Ausrüstung: Feste Schuhe, Wasserflasche, eventuell Bargeld für die Einkehr. Karte und GPX-Track nicht vergessen – im Schnee kann es manchmal schwierig sein, den richtigen Weg zu finden!

Zwischen hügeligen Wiesen und Wegen durch dichten Wald ragen immer wieder die verschneiten Spitzen des Rosengartengebirges in den Himmel. Rechts sieht man bereits die felsigen Zacken des Latemars.

ter durch den Nigerwald zur Vöstl Schwaiger und zum Jocher Hof. Letzterer bietet belegte Brote und Hotdogs auch als Take-away an.

Wer mittags hingegen in der Hagneralm (www.hagneralm.com) oder im Schillerhof (www.schillerhof.it) einkehren möchte, sollte vorab reservieren. Auf der Hagneralm wird Weich-, Schnitt- und Hartkäse aus Kuhrohmilch produziert – ein heißer Tipp für Käse-Fans. Von der Terrasse des Schillerhofs hat man ebenfalls einen wunderbaren Blick auf den gesamten Rosengarten und den Latemar. Auf der Karte stehen Südtiroler Spezialitäten wie Knödel Tris oder feine Wildgerichte. Als Nachspeise hat sich die Buchweizentorte mit Preiselbeeren einen Namen gemacht. Weiter geht es auf dem Bergrücken auf fast der gleichen Höhe zurück bis zum Nigerjochhaus, das direkt am Ausgangspunkt steht.

FAZIT: DURCH TIEFVERSCHNEITE WÄLDER ENTSPANNT DURCH DEN WINTER!

3. KAPITEL – MINIURLAUB

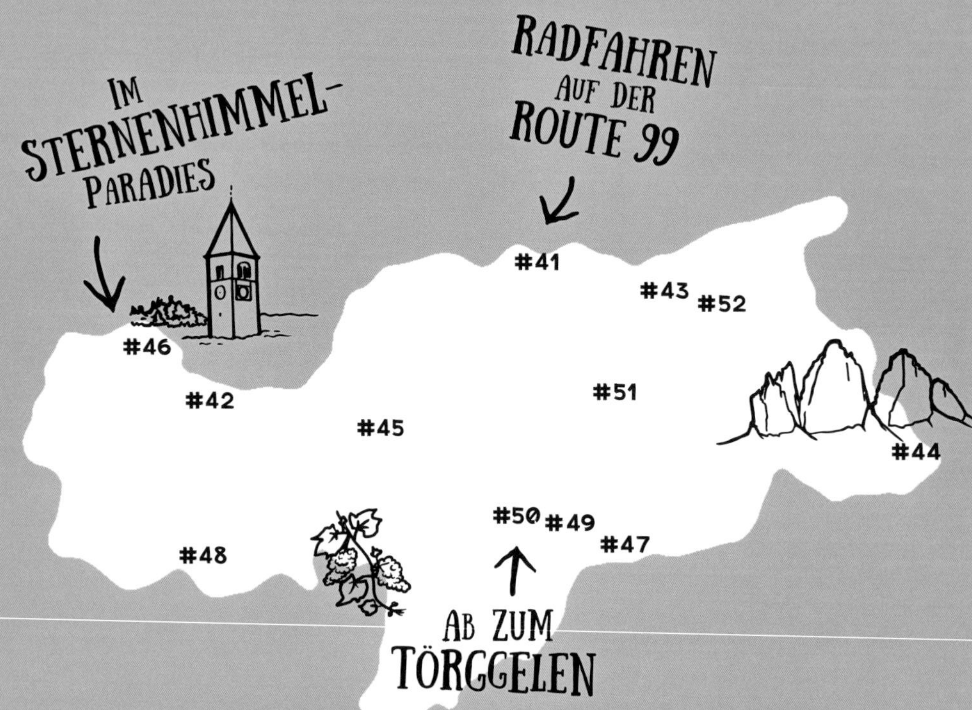

Ferien für ein Wochenende

Den Sternenhimmel im dunklen Tal beobachten, mit dem Fahrrad von Nord nach Süd die Provinz durchqueren oder mal im Iglu schlafen? Kleine Reisen ganz groß!

36H

ROLLEN AUF DER ROUTE 99

… im Eisacktal

#41

Nichts wie ab in den Süden! Von Bergkräutern über Erdbeerplantagen, Apfelgärten und berühmten Weinstöcken bis hin zu den ersten Palmen. Auf 99 Kilometern gibt es viel zu sehen, und auf zwei Rädern hat man beim Bergabrollen auch endlich Zeit für die eine oder andere Pause.

#theyseemerollin #Anfängerroute #Genussradfahren #StopandGo

Die Radroute verläuft mal auf der rechten, mal auf der linken Uferseite des Eisacks zwischen Brenner und Bozen.

→ MINIURLAUB ...

Die meisten kennen die Strecke zwischen Brenner und Bozen nur aus dem Auto oder Zug. Doch dabei verpasst man so einiges. Die rund 99 Kilometer lange Radroute führt am Eisack entlang. Wer von oben nach unten rollt, muss dabei nur selten kräftig in die Pedale treten und hat ausreichend Zeit, die Aussicht zu genießen. Abzusteigen und zu Fuß einen Ort genauer zu erkunden ist natürlich trotzdem erlaubt! Los geht es im eher wenig charmanten Grenzort Brenner. Kurz die Ausrüstung checken, und dann kann man auch schon starten! In vielen Kurven werden die ersten 300 Höhenmeter schnell abgebaut – der Ausblick ins Tal ist hier so gut wie sonst kaum wo auf der Strecke. In Gossensass haben Reisende auf der Nord-Süd-Route über die Alpen immer schon gerne Halt gemacht. Der norwegische Schriftsteller Henrik Ibsen verweilte dort Ende des 19. Jahrhunderts.

Nur ein kleines Stück weiter befindet sich Sterzing, die nördlichste Stadt Italiens. Ihre Pracht verdankt die mittelalterliche Altstadt

dem Silberbergbau. Die Radroute führt mitten hindurch, unter anderem am unübersehbaren 46 Meter hohen Zwölferturm vorbei, dem Wahrzeichen von Vipiteno, wie Sterzing auf Italienisch heißt.

Danach geht es am streng abgezäunten Eisack weiter. Wer mittags einkehren möchte, kann einen Abstecher in den schattigen Gastgarten des AH Bräu (www.sachsenklemme.it) wagen. Der Weg führt weiter direkt bis nach Franzensfeste; im eiskalten Stausee lassen sich an heißen Sommertagen die Füße gut kühlen. Die Festung beherbergt heute ein schönes Museum (www.franzensfeste.info).

Ziel der Tagesetappe ist Brixen. Ein kleiner Geheimtipp kurz vor der Stadt ist das s'Ladele des Tschiedererhofs (www.tschiedererhof.it)

Vom Brenner geht's bergab über Gossensass bis Brixen. Wer vorm Denkmal des Dichters Walther von der Vogelweide in Bozen steht, hat's geschafft!

in Vahrn. Im Sommer gibt's hier köstliches hausgemachtes Eis aus hofeigenen Produkten! In Brixen selbst rollt man direkt am Fluss in die Stadt; an heißen Sommertagen freuen sich Badende in den kleinen Gumpen über das kalte Wasser. Auch direkt am Radweg liegt der Alte Schlachthof (www.schlachthof.it), wo man sich kulinarisch, kulturell und architektonisch erfreuen kann – beispielsweise für einen abendlichen Aperitif mit einem der hausgemixten Drinks.

Am nächsten Tag geht es raus aus der Stadt und rein in den grünen Tunnel. Im Sommer ist der stets begrünte, oft schattige Radweg eine Wohltat. Die Landschaft verändert sich ab hier merkbar und das Tal wird stets schmaler. Die Altstadt von Klausen ist ein weiteres Highlight auf dem Weg in den Süden. Oberhalb des Ortes ragen das Kloster Säben und Schloss Branzoll empor.

Ab Kollmann führt der Radweg über die ehemalige Bahnstrecke bis nach Kardaun. Kurz vor Bozen gibt es dann am Rand der Route einige Kunstwerke und bunte Installationen zu sehen, bis man schließlich das städtische Radwegenetz erreicht. Spätestens jetzt ist Zeit für ein Eis, einen typisch italienischen Stehkaffee an der Theke oder vielleicht sogar ein Gläschen Sekt?

FAZIT: EINFACHE, ZWEITÄGIGE RADTOUR MIT HISTORISCHEN ORTEN AM WEG.

Hin & weg: Mit dem Zug oder Auto bis zum Brenner, von hier mit dem Rad bis Bozen. Retour geht es mit der Bahn. Wer in Brixen in einem Partnerbetrieb übernachtet, kann mit der Brixen Card (www.brixen.org) den Regionalzug zum Brenner gratis nutzen. Alternativ ist die Bike Mobilcard (www.mobilcard.info), inklusive Fahrradverleih und Öffis, ein guter Tipp!

Dauer & Strecke: 1–2 Tage, 1550 hm bergab, 440 hm bergauf, 99 km.

Beste Zeit: Frühling bis Herbst

Ausrüstung: Komplette Fahrradausrüstung je nach Jahreszeit und Wetter. Helm, Windschutz (Ohren, Hals!) und Sonnenschutz nicht vergessen. Fahrradschloss für Zwischenstopps. Radverleih am Brenner mit Rückgabe in Bozen über www.suedtirol-rad.com möglich; Reservierung erforderlich.

Wenn es Nacht wird: Stellt man sein Rad im Brixner Bike & Stadthotel Krone (www.krone.bz) ab. Hier wurde an alles gedacht, was man als Radfahrer brauchen könnte – vom Abstellraum mit Werkstatt bis hin zum ausgewogenen Frühstücksbuffet.

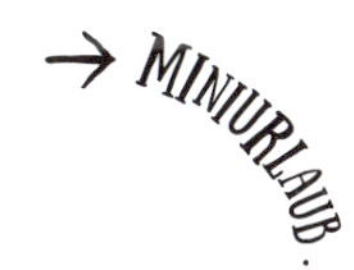

DOLCE VITA AUF DER BELLA VISTA

#42

Kurzurlaub mal ganz anders: in den Fußstapfen der Schafe und ihrer Hirten bis an die österreichische Staatsgrenze wandern. In magische Gletscherwelten eintauchen, sich in der Sauna die Seele aus dem Leib schwitzen und nach einem Drei-Gänge-Menü in der Hütte ins Bett fallen.

#Gletscherwelten #Grenzgang #Sauna #HotPot #3000er

Das Doppelbett im urigen Zollhäuschen ist klein, fein und perfekt für eine Auszeit zu zweit.

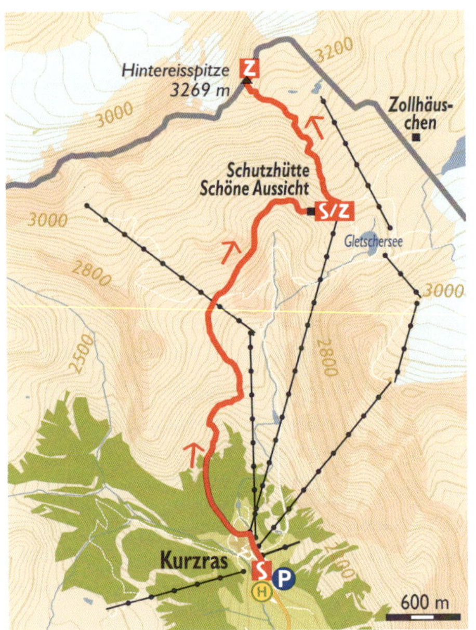

Seit rund 6000 Jahren treiben Südtiroler Hirten ihre Schafe aus regenarmen Tälern über die Gletscher ins österreichische Ventertal. Die alten Weiderechte sind bis heute erhalten geblieben, und der Brauch des Schafübertriebs ist zur Tradition geworden. Seit 2011 ist die sogenannte Transhumanz auch immaterielles Weltkulturerbe. Bis zu 5500 Schafe legen den 19 Kilometer langen Weg in zwei Tagen zurück. Als einziger Schafübertrieb der Welt führt er nicht nur über eine Ländergrenze, sondern auch über den Gletscher, was vor allem im Frühling abenteuerliche und nicht ganz ungefährliche Situationen verursachen kann.

Auf dieser Eskapade tritt man in die Fußstapfen der Hirten, begnügt sich aber mit dem ersten Wegabschnitt, der von Kurzras zur Schutzhütte Schöne Aussicht führt. Auf circa

Die beiden Saunafässer vor der Hütte lassen die Herzen erfrorener Übernachtungsgäste höherschlagen. Positiver Nebeneffekt: Nach dem Schwitzen in der Sauna schläft man noch tiefer als sonst!

der Hälfte der Strecke kommt man an einem flachen Boden mit einem kleinem Teich vorbei, dann geht es in einem großen Bogen auf einem mit Steinplatten kunstvoll ausgelegten Pfad zur urigen Hütte.

Hier kann man sich kulinarisch nach Strich und Faden verwöhnen lassen. Aber das war noch nicht alles, denn die Hütte sorgt zusätzlich mit einem Hot Pot und einer Sauna dafür, dass es Leib und Seele gut geht. Ein wenig rustikal und gleichzeitig angesichts der Abgeschiedenheit, Lage und Höhe purer Luxus! Auf 2845 Metern über dem Meeresspiegel ist die Sauna selbst im Hochsommer ein beliebter Ort zum Aufwärmen, Schwitzen und anschließenden Durchatmen an der frischen Luft.

Je nach Zeitplan und Wettervorhersage sollten sportliche Gäste auch die Gelegenheit nutzen, die Hintereisspitze zu besteigen. Der technisch einfache Gipfel bricht nicht nur die magische Dreitausender-Marke, er ist auch ein wunderbarer Aussichtspunkt. Über die aktuellen Wegkonditionen erkundigt man sich vorher am besten bei der Hütte.

Gleich hinter den Saunafässern schlängelt sich der Weg empor. Unzählige Steinmännchen weisen im Zweifelsfall den Weg. In einer Mulde befindet sich im Sommer ein blitzblauer See, an dem vorbei geht es immer bergauf zum Gipfel. Die letzten Meter überquert man den Südwestrücken zum höchsten Punkt – einer einfachen Stange, die den Gipfel auf 3269 Metern markiert. Der Ausblick ist bei guter Sicht gigantisch und reicht über die Weißkugel, den gesamten Hintereisferner Gletscher bis hin zur gegenüberliegenden Finailspitze. Ein Logenplatz sondergleichen!

Ebenfalls einen kleinen Abstecher wert ist der Weg zum circa zehn Minuten entfernten Zollhäuschen, kurz davor weist ein Schild auf die Staatsgrenze hin. Wer etwas Besonderes zu feiern hat, kann sich auch dort einmieten!

FAZIT: WUNSCHLOS GLÜCKLICH ZWISCHEN GLETSCHERBLICK, SAUNAFASS UND SÜDTIROLER HÜTTENKOST!

Hin & weg: Mit dem Bus 261 vom Bahnhof Meran bis nach Kurzras. Weitere Busverbindungen der gleichen Linie ab dem Bahnhof Naturns. Mit dem Auto über Bozen nach Meran und weiter bis ans Ende des Schnalstals zum großen Parkplatz an der Talstation der Gletscherbahn (www.schnalstal.com). Gepäckstransport mit der Materialseilbahn der Hütte auf Voranmeldung!

Dauer & Strecke: 2 Tage. Zur Hütte ca. 2,5 Std., 840 hm, 5 km. Hütte bis Gipfel ca. 1 – 1,5 Std., 430 hm, 2 km.

Beste Zeit: Im Sommer am besten unter der Woche. Auch im Winter als Schneeschuhwanderung/Skitour möglich!

Ausrüstung: Komplette Wanderausrüstung, feste Schuhe, Wasserflasche, Karte und GPX (Vorsicht bei schlechter Sicht!).

Wenn es Nacht wird: Schläft man in einem der urigen Holzbetten in der Schutzhütte Schöne Aussicht (Rifugio Bella Vista, www.schoeneaussicht.it). Die Türen und Böden des alten Hauses knarzen – Ohrenstöpsel sind empfehlenswert! Besonders romantisch und fernab von allen anderen ist die Nacht im Bettchen des ehemaligen Zollhäuschens, welches ebenfalls über die Hütte vermietet wird.
Im Winter können außerdem die Iglu-Zimmer vor der Hütte gebucht werden!

HÜTTEN-TRÄUME & SCHATZ-SUCHER

Am Ende des Mühlwalder Tals, inmitten der Zillertaler Alpen, steht eine etwas andere Hütte. Verglaste Wände, helles Holz und selbst die Form ist irgendwie anders. Wären da nicht die weiß-roten Fensterläden, könnte der moderne Bau auch in einer Stadt stehen – tut er aber zum Glück nicht!

#CabinLove #Architekturfreunde #AlpinUrban #Kristallfunkeln

Schon bei der Anreise zum Neves-Stausee über die schmale, einspurige Mautstraße taucht man in eine andere Welt ein. Man lässt den Alltag Kurve für Kurve hinter sich und steigt in einer prachtvollen Berglandschaft wieder aus. Auf der gegenüberliegenden Seite des Sees schlängelt sich ein gut markierter Pfad ins Pfeifholdertal hinauf. Anfang des Sommers blühen hier unzählige Almrosen, zwischen denen Kühe ihren Almsommer verbringen. Weiter oben wird der Weg immer steiniger und führt an so einigen Murmeltier-Behausungen vorbei. Wer viel Geduld mitbringt, kann die putzigen Tiere aus der Nähe beobachten. Füttern ist üb-

Die rosaroten Almrosen sind eigentlich keine Rosen, sondern gehören zur Gattung der Rhododendren.

rigens keine gute Idee, denn damit bringt man ihre natürliche Ernährung aus dem Gleichgewicht und kann so dauerhaften Schaden anrichten. Gegen ein umsichtiges Fotoshooting spricht jedoch nichts.

Beim letzten Teil der Wanderung hat man die Hütte bereits vor den Augen, auch wenn sie noch ein Stück entfernt ist. Der moderne Bau war das Gewinnerprojekt eines Architekturwettbewerbs, der die Diskussion um moderne Architektur in den Alpen ordentlich entfacht hat. Mittlerweile sind die Stimmen leiser geworden. Von den Vorteilen des modernen Hauses kann man sich als Übernachtungsgast selbst überzeugen: lärmgedämmte Zimmer, zugige Trockenschränke und ein bis zum Boden verglaster Speisesaal, von dem aus man beim Abendessen mit etwas Glück sogar Gämsen und Steinböcke beobachten kann.

Die Hütte am Eisbruggjoch ist ein beliebter Treffpunkt für Alpinisten auf ihrem Weg zu den höchsten Gipfeln der Zillertaler Alpen wie den Hochfeiler, den Großen Möseler oder den Hohen Weißzint. Sie empfängt aber auch ganz normale Wanderer, Tagesgäste, Übernachtungsgäste, Schatzsucher und Entdecker. Moment, Schatzsucher? Ja genau, Schatzsucher! Die Zillertaler Alpen sind unter Mineraliensammlern begehrte Ziele, denn neben Granaten findet man hier vor allem Bergkristalle. Einige der Fundstücke sind in der Hütte sogar im Bücherregal ausgestellt.

FAZIT: GENAU DAS RICHTIGE FÜR ARCHITEKTURLIEBHABER UND SCHATZSUCHER!

Hin & weg: Mit dem Auto nach Bruneck im Pustertal und über die Ausfahrt Ahrntal nach Mühlen in Taufers. Am Ortsende links nach Mühlwald abzweigen und über Lappach zum Parkplatz am Neves-Stausee. Öffentlich ist Lappach mit dem Bus erreichbar, danach weiter mit dem Taxi (www.schneider-cafe.com).

Dauer & Strecke: 2 Tage. Ca. 2–2,5 Std. Gehzeit zur Hütte, 750 hm, 5 km.

Beste Zeit: Juli–August

Ausrüstung: Komplette Wanderausrüstung, feste Wanderschuhe, Hüttenschlafsack, Hüttenschuhe und, falls vorhanden, Alpenvereinsausweis! Fernglas und Kamera nicht vergessen.

Wenn es Nacht wird: Schläft man tief und fest in einem der modernen Zimmer der 2016 komplett neu errichteten Edelrauthütte (www.edelrauthuette.it). Es empfiehlt sich eine Übernachtung mit Halbpension.

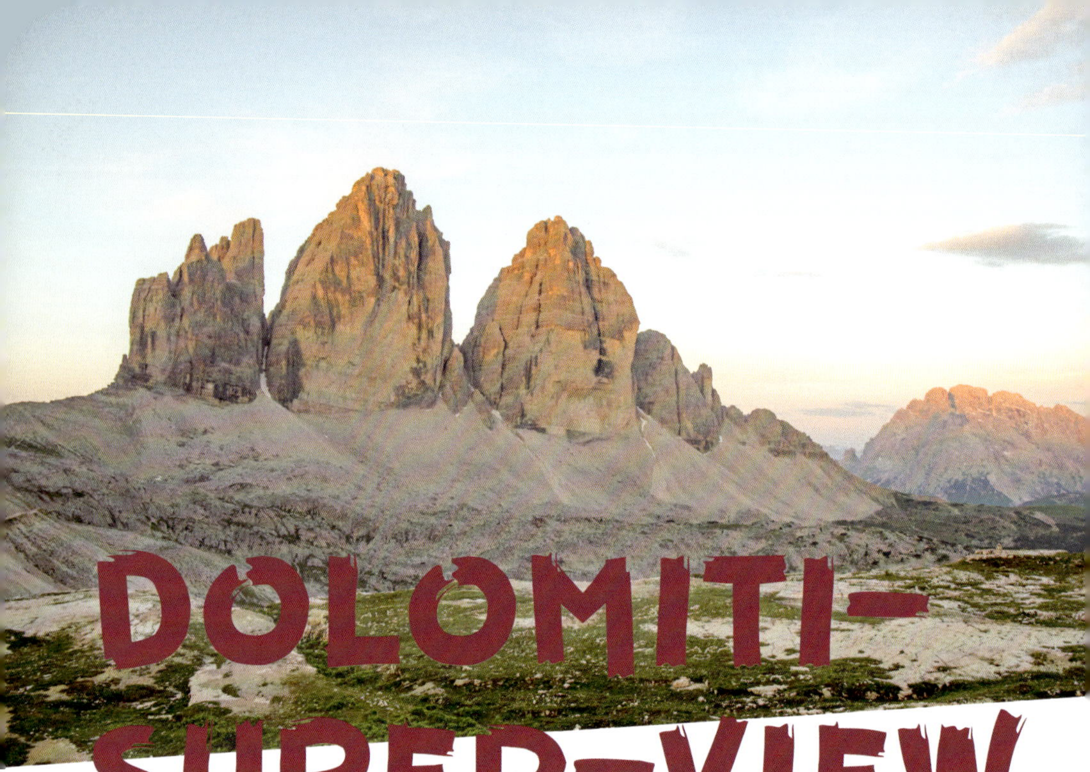

DOLOMITI-SUPER-VIEW

... bei den Drei Zinnen

#44

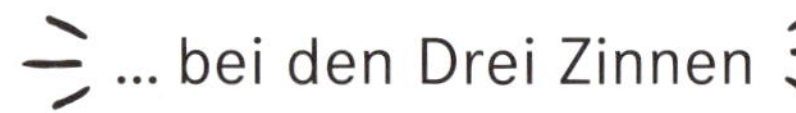

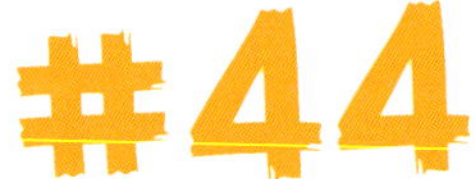

Eine Wanderung durch die Sextner Dolomiten gehört zu den schönsten Dingen, die man in Südtirol in zwei Tagen machen kann. Sie erfordert zwar einiges an Schweiß und Ausdauer, im Gegenzug wird man aber mit einer unfassbar schönen Landschaft belohnt. Für Frühaufsteher inklusive Sonnenaufgangsgipfel!

#schwerzuvergessen #derBergruft #Matratzenlager #Dolomitenliebe

Füße hoch und Augen auf! Der Sonnenaufgang auf der Oberbachernspitze bleibt garantiert unvergesslich!

Durch die Dolomiten führen unzählige Wege für Wanderer, Klettersteiggeher und Kletterer. Für diese Eskapade braucht man nur zwei gesunde Füße und ein vorab reserviertes Bett in der urigen, aber sehr kleinen Büllelejochhütte (www.rifugiopiandicengia.it). Nur 15 Plätze gibt es im Matratzenlager, in das man über eine Holzleiter gelangt.

Doch bis es am Ende des Tages so weit ist, wird viel geschehen. Los geht es am Ende des Fischleintals, wo man zunächst gemütlich am Talboden bis zur Talschlusshütte marschiert. Hier kann man noch mal seine Wasservorräte auffüllen; dann geht es stetig bergauf, bis man nach drei bis vier Stunden die Dreizinnenhütte erreicht.

Auf der zweitägigen Wanderung sind Begegnungen mit Murmeltieren durchaus üblich. Garantiert unvergesslich ist der Sonnenaufgang auf der Oberbachernspitze mit Blick zurück auf die Dreizinnenhütte.

Das Wahrzeichen der Südtiroler Dolomiten ist ein markanter Gebirgsstock mit drei hoch in den Himmel ragenden Felstürmen. Vor der Hütte kann man sich gut ausruhen und die Wolken dabei beobachten, wie sie um die Felstürme ziehen. Unter der Woche ist hier jedoch oft sehr viel los, sodass es sich durchaus lohnt, für den Abend zur Büllelejochhütte weiterzuziehen.

Abends wird trotz der abgeschiedenen Lage ein phänomenales Drei-Gänge-Menü kredenzt, bevor man mit einem Kartenspiel den Tag beendet. Für alle, die am nächsten Morgen den Sonnenaufgang sehen wollen, gibt es eine gute und eine schlechte Nachricht. Die gute: Wer so hoch oben in den Bergen schläft, hat es zum nächsten Gipfel nicht weit, denn die Oberbachernspitze ist nur eine halbe Stunde und 80 Höhenmeter entfernt. Die schlechte: Man muss trotzdem verdammt

früh aus den Federn! Aber es zahlt sich aus, garantiert.

Wenn das Morgenrot die Bergwelt rosa färbt, haben Fotografen allerhand zu tun. Im warmen Sonnenlicht geht es dann zurück in die Hütte, wo mit etwas Glück das Frühstücksbuffet bereits auf einen wartet. Für den zweiten Tag gut gestärkt, führt der Weg über die Zsigmondy-Hütte (www.zsigmondyhuette.com) wieder zurück zum Ausgangspunkt. Unterwegs besteht immer wieder die Chance, ein Murmeltier zu erspähen!

FAZIT: LEICHT ÜBERLAUFEN UND TROTZDEM SCHWER ZU VERGESSEN.

Hin & weg: Mit dem Auto über die A22 bis zur Ausfahrt Brixen Nord; am Kreisverkehr weiter in Richtung Bruneck; weiter im Pustertal bis zur Abzweigung nach Sexten und dort den Schildern ins Fischleintal folgen. Gebührenpflichtiger Parkplatz vorhanden. Alternativ steigt man in Franzensfeste in Bus 400E bis Bruneck, dann geht es weiter mit dem Regionalzug bis Toblach und mit dem Bus 446 bis Fischleintalboden.

Dauer & Strecke: Zweitageswanderung. Mit Sonnenaufgangtour (+1h) insgesamt ca. 7–9 Std. Gehzeit. 1250 hm, 20 km. Keine Kletterstellen!

Beste Zeit: Unter der Woche im Juli, August.

Ausrüstung: Komplette Wanderausrüstung für alpine Wanderungen inkl. Regenschutz, Hüttenschlafsack, Hüttenschuhe, Stirnlampe, eventuell Powerbank zum Handyladen, Bargeld für die Hütten.

Wenn es Nacht wird: Einen Platz im Matratzenlager muss man immer vorab reservieren, z. B. in der Büllelejochhütte oder der www.dreizinnenhuette.com

ALPINES SEEN-HOPPING

… im Naturpark Texelgruppe

Die vielleicht schönste Tour in Südtirol wartet in der Texelgruppe auf fleißige Wanderer. Zehn Bergseen in unterschiedlichen Größen und Formen liegen stufenförmig übereinander. Eine beeindruckende Landschaft, die nur zu Fuß auf einer anstrengenden, aber lohnenswerten Tour erreicht werden kann.

#Bergseen #Ziegen #Hüttentour #Schalensteine

Brotkrümel und Streicheleinheiten, für manche Ziegen sind rastende Wanderer eine willkommene Abwechslung.

Die Spronser Seen gleichen einem gut behüteten und vor allem schwer erreichbaren Schatz. Wer sie sehen möchte, kommt nicht drum herum, seine Wanderschuhe zu schnüren, ausreichend Energieriegel einzupacken und loszuziehen! Die gute Nachricht: Der Weg ist bereits das Ziel. Um die einzigartige, teilweise fast surreale Natur so richtig auf sich wirken zu lassen, und um auch mal an einem der Seen länger verweilen zu können, zahlt es sich aus, die Tour an zwei Tagen zu machen. Sportliche Wanderer schaffen sie zwar durchaus an einem Tag, aber dann sollte man die letzte Liftfahrt zurück ins Tal im Kopf behalten. Los geht es an der Leiter Alm (www.leiteralm.com), die man nach der etwas nervenaufreibenden Korbliftfahrt schnell erreicht hat. Von hier wandert man auf dem

Das flauschige Wollgras wächst am Ufer des Langsees und weist Wanderer auf sumpfige Stellen hin.

dicht bewaldeten Meraner Höhenweg zum Hochganghaus (www.hochganghaus.it) und weiter über Wiesen zur Baumgrenze. Ab jetzt wird es felsig und steiler, einige Stellen sind mit einem Seil zum Festhalten gesichert. Trittsicherheit und Schwindelfreiheit sind Voraussetzungen, um den Weg und die Aussicht genießen zu können.

Die Belohnung für den schweißtreibenden Aufstieg ist der Blick auf den tiefblauen Langsee, den größten der Spronser Seen. Auf den großen Blöcken kann man gut pausieren, mit etwas Glück in Gesellschaft von Ziegen, die dort ihren Almsommer verbringen. Über einen großen Rechtsbogen führt der Weg nun ans Ende des Sees. Wer mag, kann noch einen Abstecher zu den beiden Milchseen machen (circa 30 Minuten).

Vorbei an den zarten Wollgräsern des Uferrandes und dem einen oder anderen Angler geht es danach über den Grünsee und eine gepflasterte Geländestufe zur Oberkaser Alm.

Für eine Fahrt mit dem Lift steigt man mit einem beherzten Schritt in den fahrenden Korb, den der Mitarbeiter dann für die Fahrt verriegelt.

An heißen Sommertagen sind mutige Badegäste in der Kaser und Pfitscher Lacke kein unüblicher Anblick!

Eine Portion Spronserknödel mit Salat füllt die Energiereserven im Nu wieder auf. Übernachtungsgäste können nun entspannen und sich auf den zweiten Teil der Tour am nächsten Tag freuen, Tageswanderer müssen sich dagegen sputen.

Nach dem Frühstück geht es weiter zum Pfitscher Schartl. Hier wurden Keramikreste, Felszeichnungen, Mauerreste und Schalensteine gefunden. Wahrscheinlich war der Übergang bereits in der Bronzezeit eine Kultstätte. Reste von Schalensteinen kann man heute noch sehen, wenn man mit einem wachsamen Auge unterwegs ist!

Dann geht es auf dem steinigen Pfad hinauf zur Taufenscharte und auf der anderen Seite in unzähligen Kehren steil bergab zurück zur Leiter Alm und zum Lift nach Vellau. Am späten Nachmittag steht die heiße Luft am Südhang und die Vorfreude auf eine kalte Dusche im Tal wächst ins Unermessliche. Fest steht aber auch: Diese phänomenale Wanderung war jeden Schweißtropfen wert!

FAZIT: WANDERUNG IN EINE ABGESCHIEDENE BERGWELT VOLLER SEEN.

Hin & weg: Der Bus 237 verkehrt von Meran nach Algund bis zur Haltestelle am Sessellift Plars-Vellau. Weiter geht'smit dem Sessel- und dem Korblift hinauf bis zur Leiter Alm. Mit dem Auto fährt man von Meran bis zum Parkplatz am Sessellift nach Vellau oder bis zur Bergstation des Lifts in Vellau. So oder so muss man die Fahrt mit dem luftigen Korblift einplanen!

Dauer & Strecke: Zweitageswanderung. Insgesamt ca. 6–7 Std. Gehzeit, 1160 hm, 13,5 km.

Beste Zeit: Juli, August bei gutem Wetter.

Ausrüstung: Komplette Wanderausrüstung für alpine Wanderungen inkl. Regenschutz, Hüttenschlafsack, Hüttenschuhe, Stirnlampe, eventuell eine Powerbank zum Handyladen, Bargeld für die Hütte.

Wenn es Nacht wird: Kuschelt man sich im Herzen der Texelgruppe auf der Oberkaser Alm (www.oberkaseralm.it) ins Bett. Es gibt einfache Mehrbettzimmer oder Matratzenlager, kein Luxus, aber alles, was man braucht.

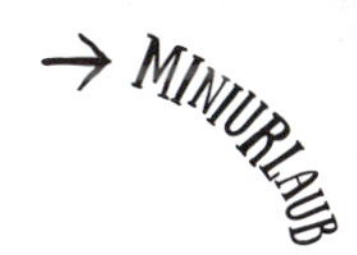

REISE DURCH DIE GALAXIE

#46

Es ist nirgends Nichts! Im Langtauferertal, einem der dunkelsten Orte Südtirols bei Nacht, wird einem das erst so richtig bewusst, wenn man den Blick nach oben richtet. Bei einer Sternenführung mit zwei Teleskopen rücken Planeten, Sterne und selbst ferne Galaxien ein gutes Stück näher.

#Sternschnuppenjäger #Nachtschwärmer #Auszeit #Mondlicht

Weit weg von städtischer Lichtverschmutzung lässt sich mithilfe der beiden Teleskope, einem Fernglas und einem Laserstrahl erstaunlich viel am Nachthimmel erkennen.

Den Großen Wagen, den erkennt doch jeder! Zumindest findet man ihn im Vergleich zu anderen Sternenkonstellationen relativ schnell. Für die Sieben Schwestern, auch bekannt als die Plejaden oder M45, ein offener Sternenhaufen in unserer Milchstraße, braucht es da schon etwas mehr Übung. Sie sind 444 Lichtjahre entfernt und trotzdem mit dem freien Auge erkennbar. Allerdings nur, wenn man weiß, wo man suchen muss. In Zuge der nächtlichen Sternenführung vor der Berghütte Maseben am Ende des Langtauferertals sind Überraschungen garantiert.

Den Anfang machen die beiden Planeten Saturn und Jupiter, die als besonders helle Punkte im August und September schon kurz nach Sonnenuntergang am Horizont aufleuchten. Dank eines EU-Projektes stehen den Beobachtern seit 2019 zwei brandneue Teleskope zur Verfügung: ein 14-Zoll-Spiegelteleskop mit 3,90 Meter Brennweite und ein 15-Zoll-Linsenteleskop mit 1,20 Meter Brennweite. So kann man in Ruhe den Ring des Saturns bewundern oder einige der Monde des Jupiters erkennen.

Auch wenn die Nacht kurz war, lohnt es sich, bei schönem Wetter für den Sonnenaufgang rauszugehen!

Weil es auf 2200 Metern über dem Meeresspiegel beim Rumstehen in sternenklaren Nächten auch schnell kühl wird, geht es für den zweiten Teil des Abends in die große Stube der ehemaligen Bergstation. Mit Kabelverbindung und dem entsprechenden Computerprogramm lässt sich die Reise durch die Galaxie nun auf der Leinwand fortsetzen. Zumindest so lange, bis den eifrigsten Sternenjägern die Augen zufallen. Es ist trotzdem jede Mühe wert, am nächsten Tag früh aus den Federn zu hüpfen. Der Moment, wenn die Sonne erstmals über die Berge blickt, ist jedes Mal aufs Neue ein schönes Erlebnis. Danach gibt es ein fulminantes Frühstückbuffet mit guter Almbutter und frischen »Vingscherln«. Kulinarisch lässt man sich hier nicht lumpen, egal ob beim dreigängigen Abendessen oder in der Früh!

Wer am nächsten Tag noch Zeit hat, könnte in rund drei Stunden (770 Höhenmeter) die Tiergartenspitze auf 3068 Metern erklimmen. Unterwegs warten die Bewohner des »Tiergartens« – Murmeltiere, Steinadler und Gämsen.

FAZIT: EINZIGARTIGE STERNENNACHT AN EINEM WUNDERBAREN FLECKCHEN ERDE!

Hin & weg: Aus dem Norden am besten mit dem Zug bis Landeck-Zams, weiter mit dem Bus 210 über Martina und dem Bus 273 nach Graun. Die Linie 276 fährt bis Kappl im Langtauferertal. Aus dem Süden vom Bahnhof Mals mit dem Bus 273. Mit dem Auto bis Graun am Reschensee und weiter ins Langtauferertal. Parkplätze beim ehemaligen Skilift Maseben.

Dauer & Strecke: Über Nacht. Rund 1 Std. Gehzeit zur Hütte, 440 hm, 2,5 km.

Beste Zeit: Wolkenlose Nächte im Sommer, am besten bei Neumond! Anmeldungen über das Tourismusbüro St. Valentin (www.vinschgau.net) oder die Hütte.

Ausrüstung: Komplette Wanderausrüstung, Bargeld für die Hütte, eventuell eine Stirnlampe mit rotem Licht und ein Fernglas; Fotografen sollten ihr Stativ nicht vergessen!

Wenn es Nacht wird: Hüpft man noch schnell in den beheizten Hot Pot und dann unter die dicke Daunendecke in der Berghütte Maseben (www.maseben.it). Alessandro Secci, der Besitzer, legt nicht nur Wert auf eine gute Küche, er brennt auch selbst Schnaps und Gin.

AM ENDE DER WELT

... auf der Seiser Alm

Dort, wo sich Fuchs und Hase gute Nacht sagen und das Murmeltier pfeift, wenn man ihm zu nahe kommt – ja, genau dort, im letzten Eck der Seiser Alm, ist wirklich noch alles in Ordnung. Abgeschnitten von der großen weiten Welt, funktioniert die Verbindung zur Natur wie von alleine.

#UNESCOWelterbe #Takeahike #Murmele #Almsommer

Murmeltiere sind nicht nur unglaublich putzig, sie sind meistens auch sehr scheu.

Man könnte den ganzen Tag auf einer Holzbank beim Berggasthof Zallinger sitzen und über die Schönheit der Seiser Alm staunen. Die größte Hochalm Europas liegt auf knapp 2000 Metern über dem Meeresspiegel und wird von spektakulären Dolomitenfelsen umrahmt. Der Schlern, die Rosszähne und die Langkofelgruppe sind die Wahrzeichen der unvergleichlichen Landschaft.

Nun ist es aber so, dass Wandern glücklich macht. Kombiniert man eine tolle Gegend mit einer abwechslungsreichen Wanderung, geschieht Großartiges. Es ist also durchaus lohnenswert, die gemütliche Bank für mehrere Stunden zu verlassen und die Wanderschuhe zu schnüren. Die Umrundung des Plattkofels führt zunächst über grüne Weidewiesen zum Einstieg in die Langkofelscharte.

Die Langkofelhütte ist ein guter Stopp vor dem Aufstieg durch die gleichnamige Scharte. Die Pertini Hütte liegt direkt am Friedrich-August-Weg, von ihr aus sieht man sogar den Gletscher der Marmolata.

Hier wird Grün mit Grau getauscht, und es geht ab in eine optische Steinwüste. Die Langkofelhütte (www.rifugiovicenza.com) fügt sich mit ihrer Steinmauer wunderbar ein ins Bild. Gestärkt geht es bergauf. Zuerst noch flach, dann immer steiler. Im Frühsommer können hier noch Schneefelder lauern; am besten erkundigt man sich vor der Tour bei einer der Hütten.

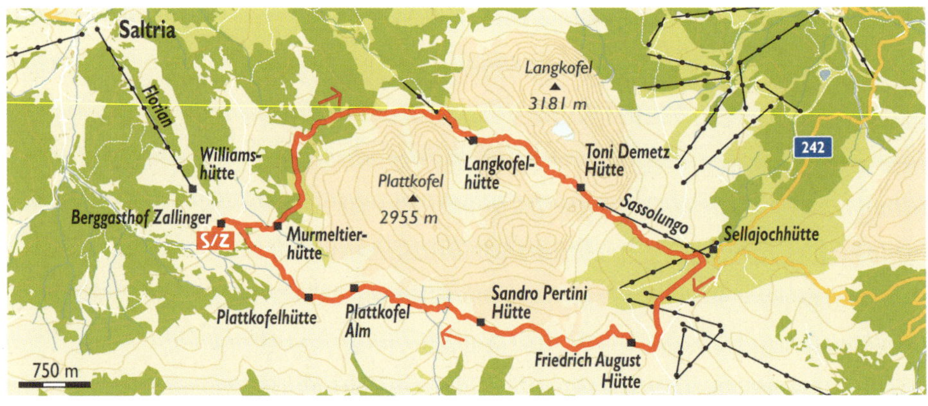

An der Toni Demetz Hütte (www.tonidemetz.it) angekommen, hat man den schweißtreibenden Aufstieg dann endlich geschafft. Und im Gegensatz zu all jenen, die von der anderen Seite des Berges mit der alten Stehgondel vom Sellajoch heraufgefahren sind, hat man sich das kühle Erfrischungsgetränk redlich verdient. Aber bloß nicht zu lange rasten, denn der Weg ist noch weit, und der nächste Anstieg wartet bereits hinter der nächsten Kuppe!

Dazu gesellen sich jede Menge Murmeltiere, die neugierig aus ihren Löchern herauslugen. Scheu sind sie erst, wenn man ihnen zu nahe kommt – dann pfeifen sie so laut, dass es durch Mark und Bein geht. Ein Pfiff alleine bedeutet »Feind aus der Luft«, mehrere hintereinander warnen Artgenossen vor Gefahr am Boden. Die putzigen Tiere haben übrigens genug zu fressen, Füttern bringt ihre Ernährung nur unnötig durcheinander.

Das nächste Etappenziel ist der Friedrich-August-Weg, der malerisch zur Sandro Pertini Hütte (www.rifugiopertini.com) führt – der letzte Stopp, bevor es wieder etwas bergauf zur Plattkofelhütte geht (www.plattkofel.com). Starke Wanderer packen von hier noch den Anstieg zum Gipfel, alle anderen werden sich über den Blick auf die Seiser Alm freuen, der das Ziel der Tour verkündet. Und dann sitzt man wieder auf dem Bankerl in der Abendsonne, genießt ein kühles Getränk und darf sich sicher sein, in der großen weiten Welt heute mal absolut nichts verpasst zu haben.

FAZIT: KITSCHIG-SCHÖNE RUNDWANDERUNG MIT ÜBERNACHTUNG!

Hin & weg: Mit dem Bus 170 von Bozen bis zur Panoramaumlaufbahn in Seis, weiter mit der Seilbahn hinauf nach Compatsch. Von hier fährt der Almbus 11 weiter nach Saltria. Mit dem Auto über die Eisacktal-Autobahn A22 bis zur Ausfahrt Bozen Nord, am Kreisverkehr weiter Richtung Seiser Alm. Mit Fahrgenehmigung über die Mautstraße Seiser Alm bis zum Parkplatz Saltria. Übernachtungsgäste werden hier vom Almtaxi Zallinger abgeholt. Alternativ geht von Saltria der Florianlift auf den Berg zum Wanderbeginn.

Dauer & Strecke: Zwei Tage Auszeit. Rundwanderung ca. 6–7 Std. Gehzeit, 1200 hm, 16 km.

Beste Zeit: Ende Juni bis September.

Ausrüstung: Komplette Wanderausrüstung, kleiner Tagesrucksack und Gepäck für die Übernachtung am besten in einer Tasche, Kamera nicht vergessen!

Wenn es Nacht wird: Schläft man wunderbar in den modernen Chalets des Berggasthofs Zallinger (www.zallinger.com) inkl. kleiner Saunalandschaft.

HÖCHSTE HÜTTENZEIT

... im Martelltal

Allen möglichen Unbequemlichkeiten zum Trotz: Übernachtungen mitten in den Bergen haben ihren ganz eigenen Zauber. Für Bergsteiger sind sie oft nur ein Stützpunkt auf dem Weg in die ganz hohen Regionen der Alpen, für andere sind sie bereits das Ziel einer langen Reise und lohnenswerten Wanderung.

#Gletscherblick #Hüttengaudi #HütteamSee #Höhenrausch

Optional bei dieser Eskapade: ein 3000er-Gipfel! Eine tolle Detour für erfahrene Bergsteiger.

2610 Meter über dem Meeresspiegel – das ist schon ganz schön hoch und an vielen Orten in den Alpen nur geübten Bergsteigern vorbehalten. Die Martellerhütte hingegen ist ein technisch einfach zu erreichendes Ziel in dieser Höhe. Wanderung, Aussicht und Kulinarik zusammen ergeben ein unvergessliches Bergerlebnis!

Los geht es im hinteren Martelltal, einem Seitental des Vinschgaus. Der erste Teil der Wanderung gleicht Eskapade #29 bis zur Zufallhütte. Nach einer kurzen Rast, einer Stärkung und vielleicht auch einem kleinen Balanceakt auf der vor der Kirche gespannten Slackline wandert man weiter bergauf. Hier befindet man sich bereits im Nationalpark Stilfser

Joch in der südlichen Ortlergruppe. Das letzte Stück der Tour führt im Zickzack nach oben. Auf der Terrasse darf man sich dann bei einem kühlen Getränk von den Strapazen erholen. Versorgt wird die Martellerhütte mittels einer Materialseilbahn, die ebenfalls beim Parkplatz im Tal startet. Sollte man besonders viel Gepäck haben, könnte man das ebenfalls mit der Bahn auf den Berg – und wieder ins Tal – schicken.

Abends gibt es für Halbpensionsgäste ein Drei-Gänge-Menü, wobei Südtiroler Schmankerl wie Schlutzkrapfen nicht zu kurz kommen. Auf der normalen Tageskarte findet sich aber natürlich auch der Verkaufsschlager schlechthin aus dem Tal: Erdbeeren. Wer kann schon behaupten, die süßen Früchte bereits einmal auf über 2600 Metern genüsslich mit Gletscherblick verzehrt zu haben?

Die meisten Touren von hier führen über Gletscher. Wer weniger alpinistisch ausgestattet, allerdings trotzdem gut zu Fuß, schwindelfrei und trittsicher ist, kann am nächsten

---

Hin & weg: Mit dem Bus 262 von Schlanders über das Dorf Martell bis zur Enzianhütte. Mit dem Auto bis zum gebührenpflichtigen Parkplatz Hintermartell am Talschluss.

Dauer & Strecke: 2 Tage. Gehzeit zur Martellerhütte ca. 2–2,5 Std., 530 hm, 4 km.

Beste Zeit: Juli, August, am besten unter der Woche.

Ausrüstung: Komplette Wanderausrüstung. In dieser Höhe sollte man immer auf einen Wetterumschwung vorbereitet sein. Neben der Hütte gibt es einen kleinen See, eventuell Badekleidung für einen Sprung ins kühle Nass einpacken!

Wenn es Nacht wird: Sind die Bettenlager der Martellerhütte (www.martellerhuette.com) ein willkommener Rückzugsort.

Karge Berglandschaften. Die Aussicht von der Marteller Hütte erinnert an die Wildnis Kanadas.

Tag die Vordere Rotspitze in Angriff nehmen. Ein waschechter Dreitausender, der in circa 2,5 Stunden erreicht ist. Auf dem Weg gibt es manchmal noch Schneefelder, ansonsten geht es problemlos vorwärts. Die letzten 100 Höhenmeter sind jedoch sehr steil und mit Stahlseilen versichert – nichts für Ungeübte!

Von oben hat man dann eine grandiose Aussicht. Besser könnte der Berg für diesen Zweck nicht stehen. Am besten genießt man seine Stärkung also mit Blick auf den König Ortler (3905 Meter) und seine majestätischen Kollegen.

Man kann die Runde aber auch ohne Gipfelanstieg als Rundwanderung zurück zum Parkplatz in Angriff nehmen. So oder so – der Weg lohnt sich nicht nur für Gipfelstürmer mit hohen Ansprüchen.

FAZIT: TROTZ DER HÖHE EINE FÜR WIRKLICH JEDEN MACHBARE HÜTTENTOUR IN HOCHALPINE BERGWELTEN!

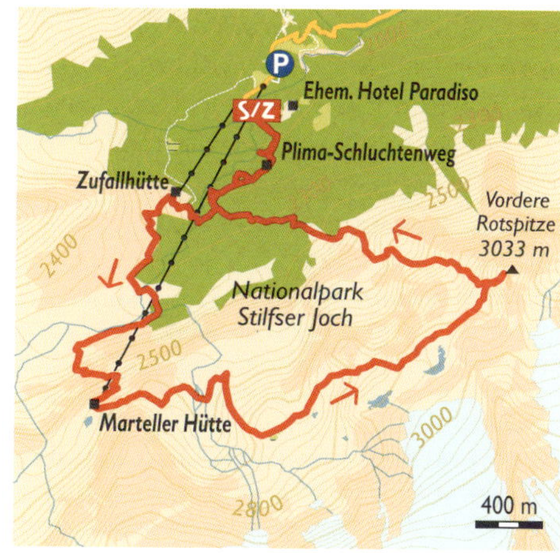

ALPEN-GLÜHEN AUF LADINISCH

... am Schlern

#49

Wer es einmal gesehen hat, wird es niemals vergessen: Das Alpenglühen der Dolomiten ist so schön, dass es schwer fällt, sich loszureißen. Idealer Logenplatz für einen ersten, bleibenden Eindruck des farbenprächtigen Naturschauspiels ist das Schlernhaus bei der Seiser Alm.

#Enrosadira #SellingSunset #sagenumwoben #ladinisch

Los geht es dort, wo die meisten Abenteuer auf der Seiser Alm starten: in Compatsch. Von dort wandert man zuerst in Richtung Saltnerhütte (www.miesnerhof.com/saltnerhuette) auf 1731 Meter am Fuße des Schlernmassivs. Hier heißt es noch mal Wasserreserven am Brunnen auffüllen, bevor der schweißtreibende Aufstieg beginnt. Wälder und Wiesen liegen nun hinter einem, jetzt geht es auf zahlreichen Serpentinen durch Latschenwälder. Es motiviert die gute Aussicht – und die wird mit jedem Schritt noch besser.

Der Pfad trägt den nicht sonderlich charmanten Namen Touristensteig. Was man ihm aber nicht nehmen kann, ist die perfekte Instandsetzung. Jeder Stein wurde von Hand dorthin gesetzt, wo er seine Aufgabe als guter Teil des Mosaiks wahrnehmen kann. Mit etwas Glück hört man Murmeltiere pfeifen, und mit noch mehr Glück sieht man sie sogar emsig über die Felsen klettern und ihrem sicherlich sehr geschäftigen Alltag nachgehen.

Dann ist es geschafft, das Schlernplateau ist erreicht. Ebenso wie auf der Seiser Alm grasen hier im Sommer Kühe. Noch ein kleines Stück weiter, dann hat man das Schlernhaus auf 2475 Meter erreicht. Wie fast alle Hütten in Südtirol besitzt das Schlernhaus auch einen italienischen Namen, der aber keine Übersetzung ist, sondern eine komplett andere Be-

deutung hat. In diesem Fall heißt die Hütte auf Italienisch Rifugio Bolzano. Das Tiroler Gröstl, die Knödel oder nach Belieben auch der Apfelstrudel sind jetzt absolut gerechtfertigt.

Bei der Schlemmerei gilt es aber nicht den richtigen Zeitpunkt für den Sonnenuntergang zu verpassen, der an Schönwettertagen dank des Blicks auf die Felstürme des Rosengartens besonders beeindruckend ist. Die grauen Wände werden von der untergehenden Sonne zuerst in leuchtendes Rot, dann in Pastellrosa getaucht. Dieses Phänomen des Alpenglühens hat bei den Ladinern einen eigenen Namen: Enrosadira. Der Legende nach besaß der Zwergenkönig Laurin einst einen herrlichen Rosengarten. Bei einem Wettkampf verliebte er sich auf Anhieb in die hübsche Similde und entführte sie in seinen

Vom Schlern aus sieht man die größte Hochebene Europas, die Seiser Alm, besonders gut.

Rosengarten, sehr zum Missfallen der Ritter, welche ihn dort aufsuchten und gefangen nahmen. Laurin fühlte sich von den Rosen verraten und verfluchte sie. Kein Mensch sollte ihn je wiedersehen, weder bei Tag noch bei Nacht! Dabei vergaß er aber die Dämmerung. Und so blüht sein Rosengarten in der Morgen- und vor allem in der Abenddämmerung immer wieder kurz auf!

Vom Schlernhaus aus erreicht man in circa 20 Minuten den höchsten Punkt des Plateaus, den Pez, von dem man eine noch bessere Aussicht hat!

FAZIT: SPEKTAKULÄRES FARBENSPIEL AM ENDE DES TAGES!

Hin & weg: Von Bozen mit dem Bus 170 bis Gschlier und weiter mit 179 nach Compatsch. (alternativ mit der Umlaufbahn www.seiseralm.it). Mit dem Auto über die Eisacktal-Autobahn A22 bis zur Ausfahrt Klausen Gröden, am Kreisverkehr weiter Richtung Seiser Alm. Mautstraße von Seis bis Compatsch. Gebührenpflichtiger Parkplatz.

Dauer & Strecke: 6,5–7 Std. reine Gehzeit insg., 1130 hm, 18 km.

Beste Zeit: Juni, Juli – wenn es spät dunkel wird; nur bei schönem Wetter.

Ausrüstung: Feste Schuhe, Wasserflasche, Einkehrmöglichkeit am Weg in der Saltnerhütte.

Wenn es Nacht wird: Schläft man wunderbar in einem der Zimmer oder Lager des Schlernhauses (www.schlernhaus.it). Hüttenschlafsack (im Frühjahr/Herbst normaler Schlafsack), Handtuch und Hausschuhe nicht vergessen. Münzen für die Dusche gibt es, solange der Wasservorrat reicht!

DIE FÜNFTE JAHRESZEIT

Im Herbst, wenn es draußen immer kälter wird, rückt man gern näher zusammen. Zum Beispiel nach einer kleinen Wanderung mit Freunden oder der Familie an einem großen Tisch, der sich gleich vor lauter Essen biegen wird. Denn beim alten Törggelen-Brauch lässt man sich hier nicht lumpen!

#Erntedank #KnödelundKrapfen #Weinverkostung #FoodLovers

Für viele ist das Törggelen einmal im Jahr in Südtirol zum Pflichttermin geworden. Der alte Brauch ist einfach zu verlockend, um ihm nicht zu frönen. Man trifft sich in einer der unzähligen Buschenschenken oder in einem Restaurant, um in geselliger Runde den neuen Wein zu verkosten und mehrere Gänge zu essen. Damit man dieses fulminante Festmahl auch gut verdaut, empfiehlt es sich, davor eine Wanderung einzuplanen.

In ganz Südtirol werden Törggelenmenüs angeboten, sobald die ersten Keschten (Kastanien) Ende September von den Bäumen fallen. Dem alten Sprichwort »Kathrein stellt den Tanz ein« nach endet die inoffizielle fünfte Jahreszeit der Südtiroler am Tag der Heiligen Katharina Ende November. Dazwischen hat man die Qual der Wahl, wohin die Reise gehen soll. Beliebt ist das Törggelen am Ursprung in den Bauernhöfen (www.roterhahn.it), wo die Landwirte ausschließlich Weine aus eigenem Anbau verkaufen dürfen und die Kastanien aus Südtirol stammen. Über 30 Prozent der Produkte müssen zudem aus dem eigenen bäuerlichen Betrieb stammen. Darüber hinaus gibt es noch viele andere gemütliche Stuben, in denen es sich ausgezeichnet schlemmen lässt. Gut frequentiert ist zum Beispiel der Keschtnweg zwischen Brixen und Ritten.

Für diese Eskapade zieht es uns aber auf die andere Talseite an den Fuß des Schlerns. Die gemütliche Wanderung führt stets leicht bergab von Seis nach St. Oswald in Kastelruth. Wenn der mächtige Gebirgsstock be-

Eins der bekanntesten Wahrzeichen Südtirols, der 2563 Meter hohe Schlern, nimmt mit seinen vorgelagerten Felszacken, wie der Santner- oder der Euringerspitz, von Seis aus betrachtet eine andere Form an.

reits leicht angezuckert ist, die Weinreben aber noch gelb leuchten, hat man es genau richtig getroffen. Der Weg führt nicht nur an der romanischen Kirche St. Vigil aus dem 15. Jahrhundert vorbei, sondern an einer ganz besonderen Gärtnerei, dem Biokräuterhof Pflegerhof (www.pflegerhof.com) vorbei. Je nach Lust und Laune dauert die Wanderung zwei bis drei Stunden, bevor man am Ziel, dem Tschötscherhof, ankommt.

Das über 500 Jahre alte Bauernhaus beherbergt nicht nur eine gute Stube, sondern direkt nebenan auch ein lohnenswertes Bauernmuseum. Nach dem Besuch ist es endlich so weit: Das Törggelen beginnt mit einer warmen Suppe, Schlutzkrapfen oder Knödeln, bevor die Schlachtplatte aufgetischt wird.

Die typische Weinbegleitung sind der »Siaße«, ein Süßmost, und der »Nuie«, ein junger Wein. Immerhin stammt der Brauch vom alten Wort »Torggl«, Weinpresse, ab. Den Magen schließen süß gefüllte und in Fett herausgebackene Kirchtagskrapfen, am Feuer geröstete Maroni oder ein Gläschen Schnaps. Sehr wahrscheinlich alle drei zusammen.

Wer am nächsten Tag aus dem Esskoma erwacht und das dringende Bedürfnis hat, seine Beine zu strecken, dem sei ein Abstecher auf die Seiser Alm (Eskapade #20) empfohlen.

FAZIT: FRISCHE LUFT UND EINE UNVERGESSLICHE KULINARISCHE BELOHNUNG.

Hin & weg: Mit dem Auto über die Eisacktal-Autobahn A22 bis zur Ausfahrt Klausen. Am Kreisverkehr weiter in Richtung Seiser Alm. Parken in St. Oswald, anschließend geht's mit der Bahn bis Brixen und mit dem Bus 170 Richtung Bozen. Umsteigen bei der Station Reissner in die Linie 177 bis zur Station Tschötscher. Bus 177 fährt auch weiter bis Seis (Ausgangspunkt).

Dauer & Strecke: Über Nacht. Wanderung ca. 2 Std. von Seis nach St. Oswald, kaum Höhenmeter, 6 km.

Beste Zeit: Anfang Oktober bis Ende November.

Ausrüstung: Gute Schuhe, warme Kleidung, Kamera. Profitipp: Nicht komplett ausgehungert ankommen, damit noch ausreichend Platz für die Nachspeise bleibt!

Wenn es Nacht wird: Sollten die Betten so nah wie möglich sein. Wer statt einem Zimmer im Tschötscherhof (www.tschoetscherhof.com) lieber eine günstige Ferienwohnung mietet, ist im Hof Lafogl (www.lafogl.com) bestens aufgehoben.

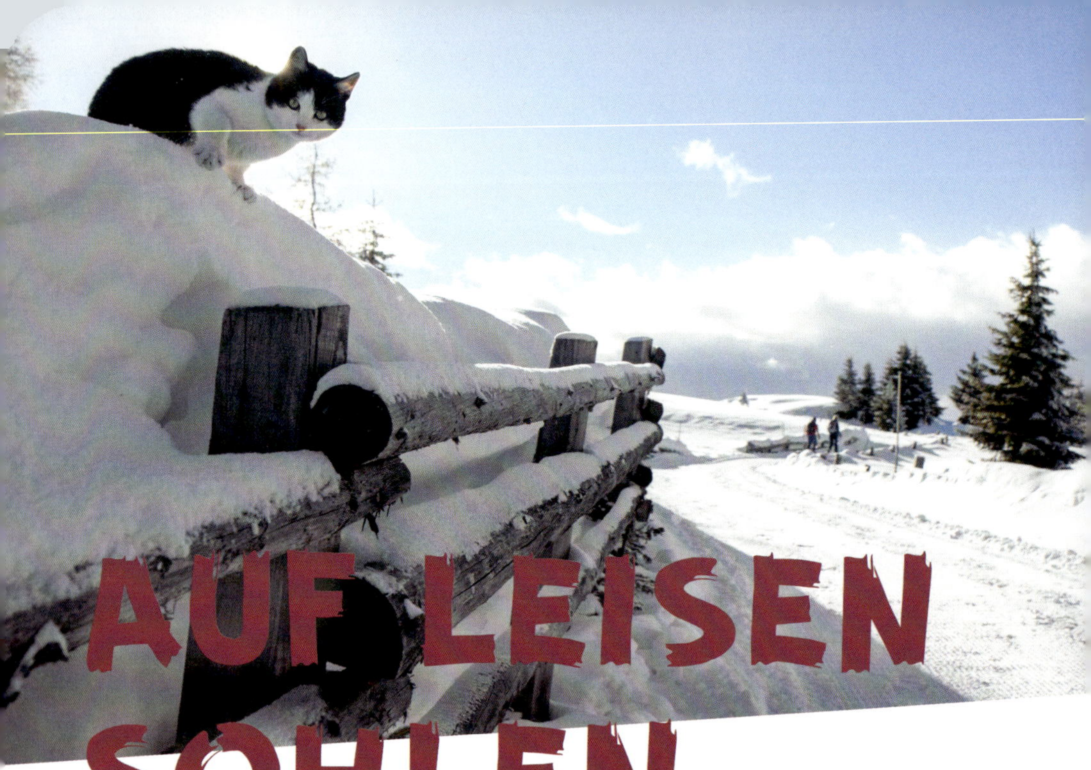

AUF LEISEN SOHLEN

... auf der Rodenecker Alm

#51

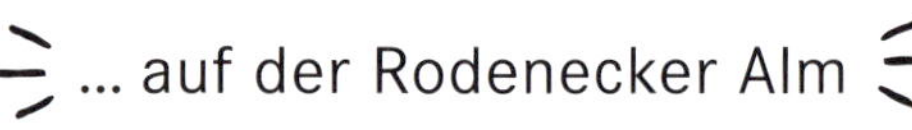

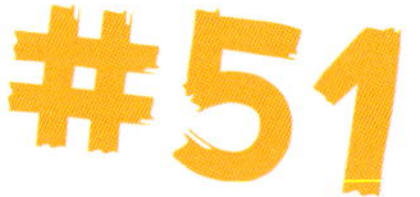

Außer dem Knirschen des Schnees unter den Schuhen und dem eigenen Atem hört man hier nichts. Auf der Lüsner und Rodenecker Alm gibt es keine einzige Liftanlage. Zum ausgedehnten Schneeschuhwandern über das Hochplateau braucht man die aber glücklicherweise auch nicht.

#Schneeschuhwanderung #Ruhezone #Gipfelsieg #Hüttenliebe

Gut getarnt und trotzdem leicht zu verfolgen. Mit etwas Übung erkennt man schnell, welches Tier im Winter über die Schneedecke gehuscht ist. Zu entdecken gibt es viele verschiedene Tiere, auch wenn die meisten so menschenscheu sind, dass man sie kaum selbst zu sehen bekommt. Zum Beispiel kann man in den Alpen neben Rehen und Hirschen Schneehasen, Schneehühner und Schneekatzen erspähen. Moment mal, Schneekatzen? Letztere gehören einer ganz speziellen Gattung an, nämlich jener der motorisierten: Es handelt sich um Pistenfahrzeuge. Diese sorgen auf der Hochebene dafür, dass die Wanderwege schön gespurt und die Loipen frisch gezogen sind.

Ganz ohne Hilfe von Schneekatzen erwandert man die Rodenecker Alm mit Schneeschuhen. Los geht es beim Parkplatz Zumis in Richtung Starkenfeldhütte. Die Roner Alm (www.roneralm.com) liegt direkt am Weg und bietet sich zur Einkehr an. In der 2019 neu gebauten Hütte kann man sich auch einmieten, sogar ganz luxuriös im Zimmer mit Whirlpool auf dem Balkon. Wer sich nur kurz stärken möchte, bekommt in der Bar einen kräftigen Stehkaffee eingeschenkt.

Die weitere Strecke führt teilweise über den Schöpfungsweg, dessen Stationen nicht zu übersehen sind. Nach den Fischen und Vögeln wandert man direkt an der Statue zweier Liebender vorbei. Kurz nach dem modernen Pianer Kirchlein geht es nach links in einer Schleife über die Rastnerhütte (www.rastnerhuette.com) zum Tagesziel. Je nach Wetter darf man sich nun bereits über eine tolle Weitsicht freuen. Sollte dies nicht der Fall sein, lockt die Sauna in der Starkenfeldhütte! Außerdem gibt es hier auch Katzen,

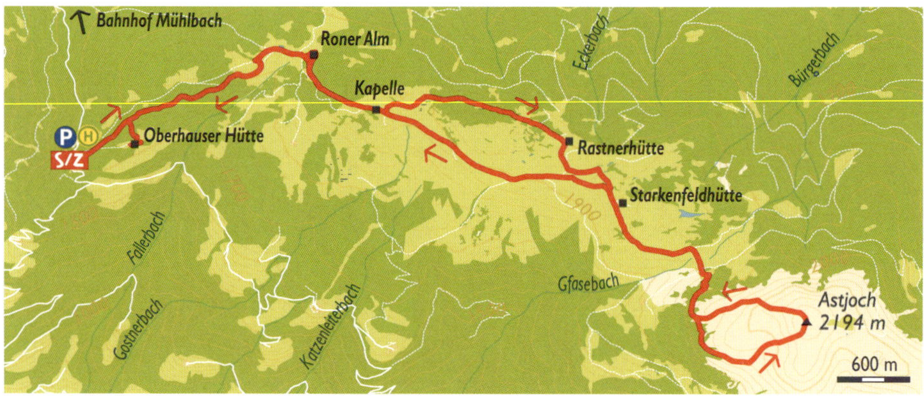

Die alten Gebäude neben der modernen Starkenfelderhütte werden im Sommer für die Almtiere genutzt.

die miauend um die Beine streichen und nach Streicheleinheiten verlangen, wenn sie nicht gerade im Schnee spielen.

Die modernen Zimmer der Starkenfeldhütte mit WC und Dusche haben mit herkömmlichen Matratzenlagern nichts gemeinsam, und so steht einer geruhsamen Nacht nichts im Wege. Nach dem Frühstück geht es am nächsten Tag hoch hinaus. Das »nur« 2194 Meter hohe Astjoch ist allemal ein aussichtsreicher Gipfel, und der Weg dorthin ist ebenso lohnenswert! Lawinen sind in dem recht flachen Gelände sehr unwahrscheinlich, rund um den Gipfel heißt es aber doch wachsam sein. Wer sich unsicher fühlt oder keine Erfahrungen hat, bucht besser einen Berg- oder Bergwanderführer.

Über den gut ausgeschilderten Weg stapft man von der Hütte in rund einer Stunde auf den Gipfel. Vom Kreuz hat man einen gigantischen Ausblick von den Dolomiten über den Puflatsch (Eskapade #20) und das Rittner Horn (#16) bis zu den österreichischen Alpen. Zurück geht es über den gespurten Weg.

Wer die Wanderung bei guter Südtiroler Küche ausklingen lassen möchte, macht noch einen Einkehrschwung in die Oberhauser Hütte (www.oberhauserhuette.com).

FAZIT: WINTERWUNDERLAND AUF DIE SANFTE TOUR!

Hin & weg: Mit der Regionalbahn bis Mühlbach und mit dem Bus 415 bis zur Station Rodenecker Alm, Zumis. Mit dem Auto über die Brennerautobahn A22 bis zur Ausfahrt Pustertal. Weiter bis Mühlbach und dann bergauf zum gebührenpflichtigen Parkplatz Zumis.

Dauer & Strecke: 2 Tage. Reine Gehzeit insgesamt je nach Schneelage 6–8 Std., 500 hm, 18 km.

Beste Zeit: Ab Weihnachten bis Ende Februar.

Ausrüstung: Feste Winterschuhe, warme Kleidung, Schneeschuhe und Stöcke (kein Verleih vor Ort, außer für Hausgäste auf der Roner Alm, ansonsten z. B. in Meransen bei Sport-Peppi, oder in Vals bei Sport Mode Maria, für die Nacht Hausschuhe, Waschbeutel, Bargeld. Karte, GPX-Track und Handy mit vollem Akku nicht vergessen! Wanderungen mit einem Bergführer kann man u. a. bei Globo Alpin (www.globoalpin.com) buchen.

Wenn es Nacht wird: Schläft man herrlich in den 2- bis 6-Bett-Zimmern der modernen Starkenfeldhütte (www.starkenfeld.com) auf 1939 m. Sauna und Infrarotkabine helfen beim Aufwärmen. Kein Handyempfang oder WLAN.

ESKIMO-FEELING

… auf dem Speikboden

#52

Ganz egal, wie alt man ist – eine Nacht in einer Höhle aus Schnee zieht jeden in den Bann. Bevor man es sich im Expeditionsschlafsack gemütlich macht, gibt es aber noch eine Menge anderer kleiner Abenteuer zu erleben!

#Iglu #Saunawithaview #HotPot #mittenimWinter #Glamping

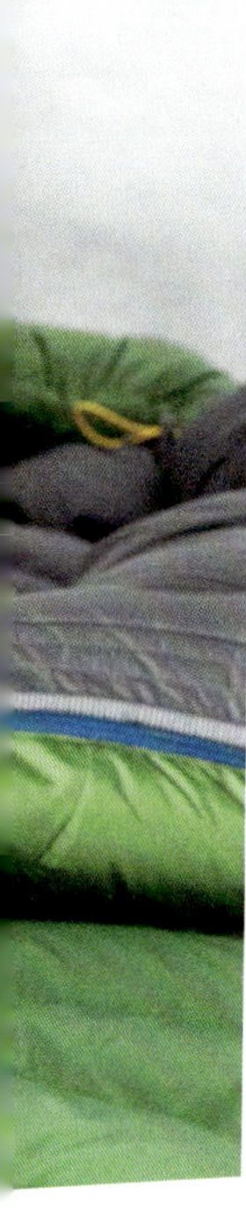

Die Eingänge in die Iglus sind schmal und niedrig. Hinter jeder der zwölf Türen verbirgt sich eine Höhle aus Schnee, in der man aufrecht stehen kann. Die Zimmer sind liebevoll dekoriert mit Spiegeln, kleinen LED-Kerzen und einem großen Bett. Auf der dicken Matratze liegen kuschelige Schlafsäcke mit dünnen Innensäcken und eine Flasche Prosecco.

Hin- und hergerissen zwischen Abenteuerlust und dem Gedanken »Was zum Teufel hab' ich mir dabei gedacht?!«, betreten wohl die meisten Gäste das Iglu-Gelände. Die letzten 200 Meter von der Bergstation zum Iglu stapft man zu Fuß hinauf. Schon jetzt wird klar: Weniger ist mehr. Und tatsächlich braucht man für eine Nacht im Schnee kaum Gepäck, denn für den Großteil sorgt der Veranstalter.

Die meisten Sorgen verfliegen wie im Nu beim Rundgang mit einem der Guides. Diese kümmern sich nicht nur um die Gäste, sondern kochen auch und sorgen dafür, dass die Sauna auf Hochtouren läuft. Das Prachtstück steht direkt in der Mitte der Iglus und hat eine verglaste Front, durch die man das Bergpanorama bestaunen kann. Gleich nebenan befinden sich außerdem zwei beheizbare Holzzuber, in denen man es selbst bei Minusgraden gut aushält. Ein Gläschen Wein in der einen Hand, eine warme Mütze auf dem Kopf und der Blick in die Sterne – das Leben kann so schön sein!

Als Gast hat man in den nächsten zwölf Stunden im Prinzip nur eine Aufgabe, nämlich sich warm zu halten, ohne seine Kleidung vollzuschwitzen. Dabei helfen gute Winterschuhe oder Snowboardboots, warme Wollsocken, gute Skibekleidung, lange Merino-Unterwä-

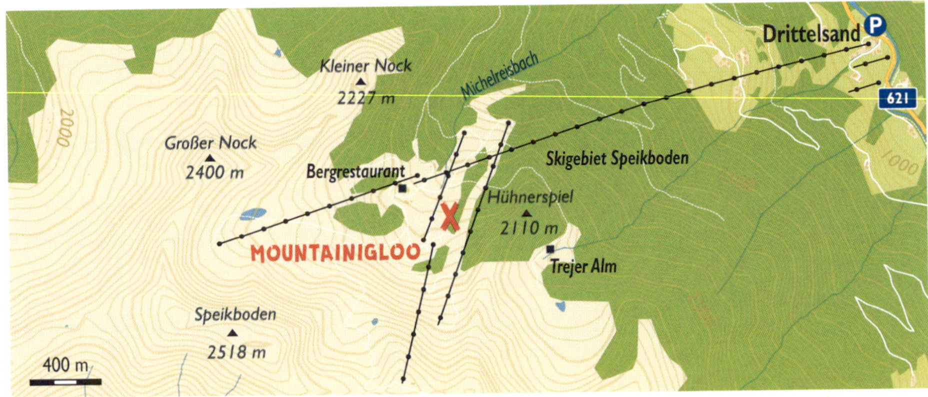

Nachdem das Skigebiet seinen Tag beendet hat, kehrt Ruhe ein, ideal für eine Schneeschuhwanderung!

sche und reichlich heißer Tee. Auch Bewegung ist gut, deshalb lohnt es sich, Schneeschuhe auszuleihen. Die empfohlene Runde führt in circa einer halben Stunde zur urigen Trejer Alm. Wer kurz vor Sonnenuntergang losgeht, kann sich bei schönem Wetter auf ein Farbspiel inklusive Alpenglühen gefasst machen.

In der Dämmerung wandert man dann mithilfe von Stirnlampen zurück. Aber bitte langsam! Denn vor dem Abendessen sollte man bloß nicht ins Schwitzen kommen. Das Drei-Gänge-Menü wird im Restaurant-Iglu serviert. Auf den Schneebänken liegen Isoliermatten und Schaffelle, wer trotzdem fröstelt, bekommt noch eine Decke auf den Schoß. Weil man beim Sitzen aber unweigerlich etwas auskühlt, empfiehlt sich danach ein Besuch der Sauna oder ein Sprung in den Holzzuber. Im Innenraum der Iglus herrschen stets Temperaturen um die 0 Grad, in guter Winterkleidung friert also niemand. Die dicken Schlafsäcke sind für weit extremere Gegebenheiten ausgelegt, sodass die Kälte einem nicht zum Verhängnis wird. Einzig an die absolute Stille am Berg muss man sich als Städter vielleicht erst gewöhnen.

Am nächsten Morgen geht es recht schnell: Nach dem Aufwachen packt man alles zusammen und wandert bergab zum Bergrestaurant, wo in der warmen Stube bereits das Frühstücksbuffet wartet.

FAZIT: UNVERGESSLICHE NACHT IM SCHNEE MIT ABWECHSLUNGSREICHEM PROGRAMM!

Hin & weg: Mit der Bahn bis Bruneck und weiter mit dem Bus 450 bis zur Kabinenbahn Speikboden. Mit dem Auto über die Eisacktal-Autobahn A22 bis zur Ausfahrt Pustertal, am Kreisverkehr weiter Richtung Bruneck und ins Ahrntal. Übernachtparker stehen am besten auf der Seite der Seilbahn.

Dauer: 15 Uhr am Vortag bis 10 Uhr am Folgetag.

Beste Zeit: Rund um Weihnachten bis Anfang April, je nach Schneelage.

Ausrüstung: Sehr warme Schuhe (Snowboardboots sind ideal), warme Winterkleidung, Schal, je 2 Paar Handschuhe, Mützen und warme Socken, Skiunterwäsche für die Nacht, eventuell Stirnlampe. Handtuch und Bademantel können geliehen werden.

Wenn es Nacht wird: Wärmt man sich in der Sauna nochmals auf und schlüpft dann mit einer Wärmflasche in den Expeditionsschlafsack im Iglu (www.ahrntal-aktiv.com/mountainigloo).

SONST NOCH WICHTIG

Ein- und Überblick

Karten für den schnellen Überblick, praktische Tipps, mehr über die Autorin sowie ein Ortsregister zum schnellen Nachschlagen gibt es auf den folgenden Seiten.

GPX-Download aufs Smartphone – so geht's

Voraussetzung:
Eine Outdoor-App muss installiert sein, z. B. KOMPASS, Outdooractive oder Komoot. Zum Einlesen des QR-Codes benötigen ältere Android-Geräte eine QR-Code-App. Bei neueren Android- und iOS-Geräten ist diese Funktion in der Kamera integriert.

Daten downloaden:

1. Den QR-Code einlesen oder die Webadresse im Browser eingeben, um auf die Eskapaden-Website zu gelangen.
2. Die gewünschte Tour zum Download anklicken.
3. Bei IOS-Geräten werden die GPX-Daten direkt mit der vorab installierten App verknüpft. Bei Android-Geräten muss ggf. noch ein Weiterleiten-Button geklickt werden (z. B. oben rechts im Display). Manche Apps zeigen den Tourverlauf starr an, andere haben eine Navigationsfunktion dabei.

Tourenverlauf

GPX-Daten zum kostenlosen Download
www.dumontreise.de/eskapaden/suedtirol

short.travel/1qtq7

uf den folgenden Seiten: Die Eskapaden in Südtirol
n drei Übersichtskarten. Die Ziffern stehen für die
skapaden-Nummern.
6 km
Sillian
Sexten
Drei Zinnen
Toblach
Drau
Schmieden
Pragser Wildsee
Plätzwiese
Mittelolang
Olanger See
Antholzer Bach
Villgratner Berge
Ö S T E R - R E I C H
Riesenferner Gruppe
Reinbach
Ahr
Speikboden
Bruneck
Gader
I T A L I E N
Zillertaler Alpen
Schlegeisspeicher
Neves-Stausee
Rienz
Pfitschertal
Pfitscher Bach
ÖSTERREICH
Valler Bach
Brixen
Eisack
Klausen
Grödner Bach
D O L O M I T E N
SEITE 227
100
52
44
30
51
25
49
19
621
52
244
43
49
51
18
36
37
35
12
139
242
22
41
13

ÖSTERREICH
SCHWEIZ
Ötztaler Alpen
Sölden
Ratschings
Sterzing
Seebach
Eisack
St. Leonhard in Passeier
Sarntaler Alpen
Passer
Schnalstal
Vernagt-Stausee
Langtauferertal
Reschensee
Haidersee
Schluderns
Vinschgau
Naturns
Schlanders
Etsch
Meran
Lana
ITALIEN
Klausen
Talfer
SEITE 227
Bozen
Ortler Gruppe
Martelltal
Zufritt-Stausee
Zoggler-Stausee
Falschauer
Inn
Pitze
Ötztaler Ache
Venter Ache
Gurgler Ache
Gepatsch Stausee
10 km

St. Ulrich
Grödner Tal
Grödner Bach
Wolkenstein
Sarntaler Alpen
Ritten
Seis am Schlern
Compatsch
Oberbozen
Völs am Schlern
Schlernbach
Schwarzgriessbach
Freispiegelstollen
Talfer
Etsch
Nonsberggruppe
Bozen
DOLOMITEN
Eppan
Eggental
Tierser Tal
Welschnofner Bach
Leifers
Brantenbach
Karersee
Torrente Avisio
Moena
Rio San Pellegrino
Torrente Biois
Lago di Cavia
Rastenbach
Kalterer See
Auer
Großer Kalterer Graben
Neumarkt
Predazzo
Torrente Travignolo
Lago di Paneveggio
Fleimstaler Alpen
Lago di Stramentizzo
5 km
508
12
242
243
38
22
42
241
48
620
346
50
612
3
6
15
20
50
49
47
12
26
40
2
27
11
34
16
31
39

NOCH MEHR ESKAPADEN …

ISBN 978-3-616-11005-9

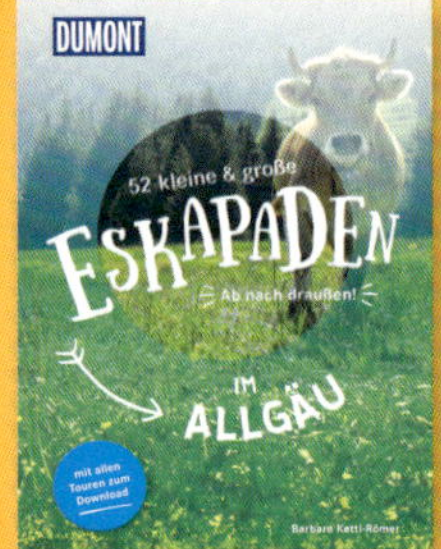

ISBN 978-3-616-11006-6

ISBN 978-3-7701-8088-2

 … erhalten Sie im gut sortierten Buchhandel und unter www.dumontreise.de 

IMPRESSUM

Reihenkonzept Monique Sorban

Projektmanagement Svenja Heinle

Cover-/Buchgestaltung & Illustrationen Carolin Weidemann, Köln, www.weidemann-design.com

Umschlagproduktion, Lektorat & Buchproduktion Verlagsbüro Wais & Partner (Meike Diekmann, Beate König, Julia Rietsch, Kai Wieland), Stuttgart, www.wais-und-partner.de

Text & Fotos Lea Hajner, Innsbruck, www.escape-town.com

Kartografie © KOMPASS, Innsbruck, unter Verwendung von Kartendaten von © OpenStreetMap-Mitwirkende, Lizenz CC-BY-SA 2.0

Hinweis Alle Informationen wurden mit größtmöglicher Sorgfalt geprüft. Infolge der Corona-Pandemie kann es allerdings zu kurzfristigen Geschäftsschließungen und anderen Änderungen vor Ort gekommen sein.

Printed in Poland

2. Auflage 2022

ISBN 978-3-616-11016-5

www.dumontreise.de

Weiterlesen

Inspirierende Fotos gibt es laufend am offiziellen @visitsouthtyrol Instagram Account, aber auch bei den beiden Powermädls @magdalenamst und @heidi.from.the.mountains. Foodies werden bei Chef Christoph Huber @wirtshaus_zur_blauen_traube Luftsprünge machen. Aktuelle Veranstaltungen findet man auf www.suedtirol.info, tagesaktuelle Nachrichten auf www.stol.it

Südtiroler Küche

Auch wegen der hervorragenden alpin-mediterranen Küche zahlt es sich aus, in die Berge zu gehen. Bei Klassikern wie Knödeln, Schlutzkrapfen, Graukäse, Speck, Schüttelbrot, Kartoffelblattler, Apfelstrudel, frischen Kastanien oder einem Stück Buchweizentorte macht man garantiert nichts falsch!

GUT ZU WISSEN …

Ohne Auto

Fast alle Eskapaden sind auch öffentlich erreichbar. Die Südtirol Mobil App oder Website www.suedtirolmobil.info zeigt Bus- und Bahnverbindungen und sogar Verspätungen für fast alle Linien aktuell an. Für Touren mit dem Rad bietet die bikemobilcard Kombi-Angebote für Verleih & Bahnfahrt www.mobilcard.info. Die reguläre Mobilcard gibt es für 1, 3 oder 7 Tage und gilt für alle Verkehrsmittel in Südtirol. In manchen Regionen bekommt man als Übernachtungsgast kostenlos einen Südtirol Guest Pass, der die Mobilcard und teilweise auch Museumsbesuche und Seilbahnen beinhaltet.

Sicherheit & Notfälle

Wo's bergauf und bergab geht, ist auch Vorsicht und Respekt angesagt! Alpine Gefahren wie plötzliche Wetterumschwünge oder saisonale Hindernisse wie Schneefelder im Frühjahr lassen sich nicht immer vermeiden. Im Notfall alarmiert man unter 112 die Einsatzkräfte.

Alles dabei?

Die Basis-Wanderausrüstung besteht aus festen Wanderschuhen, einem Rucksack gefüllt mit Wasser-Trinkflasche, Snacks, kleinem Erste-Hilfe-Set, Taschentüchern, Blasenpflastern, geladenem Handy, Bargeld, Regenjacke, Sonnenschutz und Sonnenbrille, Kartenmaterial, Wechselkleidung und einer wärmenden Schicht (z. B. eine Fleecejacke) sowie je nach Jahreszeit Handschuhe, Stirnband und Mütze.

ESKAPADEN-REGISTER ...

Alle Orte mit Seitenverweisen

LEA HAJNER

... über die Autorin

Die Reisejournalistin und Bloggerin hat schon viel von der Welt gesehen. Da die Welt bekanntlich groß und die Zeit meist limitiert ist, bereist sie viele Orte vorerst nur einmal. Die große Ausnahme ist Südtirol. Da zieht es die Wahltirolerin seit vielen Jahren ständig hin. Von atemberaubend schöner Berglandschaft, exzellenter Kulinarik und dem italienischen Gespür für Design kann sie einfach nicht genug bekommen. Ganz gleich zu welcher Jahreszeit, Südtirol tut Körper und Seele einfach immer gut.

Über kleine und große Abenteuer in der Natur, tolle Unterkünfte und alpine Rezepte schreibt Lea auch auf ihrem Blog www.escape-town.com

Das Leuchten der Sterne

Eskapade #46: Wenn im August die Perseiden als Sternschnuppenregen am Nachthimmel vorbeiziehen, ist das dunkle Langtaufererertal der perfekte Ort, um die Sterne anzuhimmeln.

Auf Sonnenaufgangsmission

Eskapade #13: Egal, was der Tag noch bringt, wenn er mit einer Tasse Tee zu Sonnenaufgang am Gipfel des Zinselers in der Nähe des Penser Joch begonnen hat, wird er garantiert unvergesslich gut!

5 BESONDERE EMPFEHLUNGEN ...

Eine Nacht im Schnee

Eskapade #52: Sauna, Hot Pot und eine Schneeschuhwanderung zum Sonnenuntergang – was kann es Schöneres geben? Eine Nacht im Expeditionsschlafsack im Iglu auf dem Speikboden macht's möglich!

Alpines Seen-Hopping

Eskapade #45: An heißen Sommertagen lohnt sich die lange Wanderung zu den abgelegenen Spronser Seen im Naturpark Texelgruppe ganz besonders!

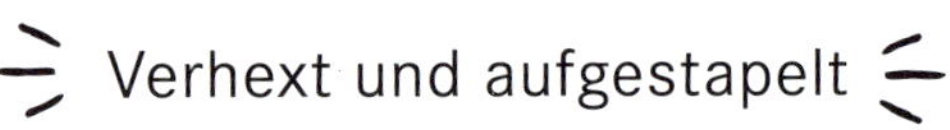

Verhext und aufgestapelt

Eskapade #33: Ein Meer von Steinmännchen und ein traumhafter Blick bis in die Dolomiten. Der mystische Kultplatz im Sarntal zieht nicht nur Hexen auf den Berg.